習近平vsトランプ
世界を制するのは誰か

Xi Jinping vs. Donald Trump
Either to rule the world

Homare Endo
遠藤誉

飛鳥新社

まえがき

アメリカに型破りのトランプ政権が誕生してから、世界地図が塗り替えられつつある。最も大きな恩恵を受けているのは中国だ。トランプ大統領のＴＰＰ（環太平洋連携協定）やパリ協定（気候変動枠組条約）などからの離脱宣言により、中国は「これからの国際社会、特にグローバル経済をリードしていくのは中国だ」とばかりに、日本をさえ中国主導の経済圏に巻き込もうとしている。

アメリカが中国寄りの発言に傾き始めた主な要因は、背後にヘンリー・キッシンジャー元米国務長官がいるからだ。ペンシルベニア大学のアーサー・ウォルドロン教授によれば、キッシンジャーは「キッシンジャー・アソシエイツというコンサルティング会社に多くの国からの顧客を抱え、その国のためにアメリカという国家を動かしている。莫大な金が入ってくるが、見返りが最も大きいのは圧倒的に中国で、ロシアも相当なもの」とのこと。

キッシンジャーはトランプの娘婿クシュナーを使ってトランプ大統領を親中に向かわせ、そしてロシアルートにリンクさせながらトランプ政権の人事枠組みまで構成させている。

外交経験のないトランプは、キッシンジャーにとって、このうえなく利用価値の高い存在なのだろう。まるでキッシンジャーがアメリカを私物化しているような構図だ。

ビジネスマンだったトランプは、ビッグ・ディール（大口取引）という手段で外交を展開し始めたが、そこにはかつて世界をアッと言わせたキッシンジャーの忍者外交から学んだ「それまでにない発想の転換」という視点も見受けられる。

かたや、中国の習近平国家主席には王滬寧《おうこねい》というブレーンがいる。江沢民、胡錦濤そして習近平と、三代の「紅い朝廷」に仕えてきた、中国きっての頭脳の持ち主だ。一帯一路（陸と海の新シルクロード）による巨大経済圏構想や、国際金融センターをウォールストリートから北京および上海に持っていくことを狙ったＡＩＩＢ（アジアインフラ投資銀行）などにより、中国は国家スローガン「中華民族の偉大なる復興」と「中国の夢」を叶えようとしている。その夢が叶うのか、それとも「アメリカ・ファースト」を掲げるトランプ政権のビッグ・ディールが勝つのか。あるいはキッシンジャーの策にはまって米中が結ぶのか。北朝鮮問題やグローバル経済、そして言論弾圧国家の根源的問題などをめぐり、その勝敗の中に潜んでいる可能性とリスクを、読者とともに読み解いていきたい。

本書は以下のような構成で成り立っている。

まえがき

第1章：「一つの中国」――水面下で動く米財界と中国

「一つの中国」カードをビッグ・ディールとして使ったトランプに対する米中の攻防を描く。水面下では習近平の母校、清華《せいか》大学の経営管理学院顧問委員会とトランプの大統領戦略政策フォーラムの両方に所属している米財界人が動いていた。顧問委員会は習近平の手の中にあり、構成委員はほとんどキッシンジャーが仲介した企業ばかりだ。この真相を通して、世紀の謎とも言える「キッシンジャー・アソシエイツ」のカラクリの一端が見えてきた。一方で、キッシンジャーは政権誕生前からクシュナーらを洗脳して、駐米中国大使や中国政府要人と引き合わせて、トランプを親中へと傾かせた。本章ではトランプの娘イヴァンカやその子供たちと中国との関わりも深く掘り下げた。また、ロシア科学アカデミー外国人会員の一人でもあるキッシンジャーは2016年2月にプーチン大統領に会い、帰国後トランプを自宅に招いた。結果、ロシアと関係の深い人物をトランプ政権に送り込んでいる。

なお、清華大学経営管理学院顧問委員会リストは本邦初公開。アメリカがいかにキッシンジャーとチャイナ・マネーに飲み込まれているか、その実態を確認することができる。

第2章：米中蜜月「世紀の大芝居」か

２０１７年4月6日と7日に行われた米中首脳会談を分析する。焦点はシリア攻撃と北朝鮮問題。トランプはシリア攻撃を王滬寧が習近平のそばにいない瞬間を狙って習近平に告げる。その後のトランプによる「褒《ほ》め殺し作戦」により、習近平は米中蜜月《みつげつ》を演じて北朝鮮を追い詰めざるを得ないところに追い込まれた。中国共産党系のメディア「環球時報」が北朝鮮を批判すると、北朝鮮もまた政府の中央通信社を使って中国を名指し批判。環球時報は遂に「中国は中朝軍事同盟を維持すべきか」というタイトルの論説を掲載。一触即発のところまで行く。本章ではコラムを設けて、「三紅朝帝師（三代の紅い朝廷に仕えた参謀）」と呼ばれる王滬寧とはいったい何者か、その人物像も紹介する。

第3章：北朝鮮問題と中朝関係の真相

北朝鮮問題の解決策を考えるためには、そもそも朝鮮戦争がなぜ起きたのか、そしてその休戦協定とは何だったのかを正確に知らなければならない。また「血の同盟」と言われている中朝関係は本当に友好関係で結ばれてきたのかを、朝鮮戦争にまで遡《さかのぼ》って考察する。

北朝鮮は旧ソ連が誕生させた国で、北朝鮮はソ連の弟分でしかない中国に、つねに上から目線で対応していた。怒った毛沢東が中朝国境を封鎖したことさえある。中朝貿易はソ連崩壊の翌年に中国が韓国と国交を樹立したことに対する北朝鮮の怒りと威嚇《いかく》から、初めて強化されたことは注目に値する。それでも緩衝地帯《かんしょう》としての北朝鮮を必要とする中国は、北朝鮮の核・ミサイル開発をどう見ているのか。

第4章：中国の野望、世界のリスク

中国は一帯一路巨大経済圏と、そのペアであるＡＩＩＢにより、世界の覇者となろうとしているが、それらの実態がどのようなものであるか、どれほど大きなリスクを世界は抱えることになるかを分析した。そのために多くの事例を列挙した。また、アメリカがＴＰＰやパリ協定から離脱した結果が中国の不戦勝を招くのかも考察する。中国は「アメリカを落とせば日本も落ちる」と踏んで、綿密な長期戦略のもと、トランプ政権に罠《わな》を仕掛けている。キッシンジャーの影響を受けたトランプが一帯一路構想やＡＩＩＢに少しでも積極的な姿勢をちらつかせると、案の定、日本はすぐさまアメリカの意向に沿い始めた。それは中華帝国の夢を実現させることに手を貸すだけであることを、日本はトランプに忠告しなければならない。キッシンジャーがアメリカを私物化し、日本が日米同盟ゆえにアメリカに追随するとなれば、日本もまたキッシンジャーに私物化されることになってしまう。キッシンジャーは日本が嫌いだ。その落とし穴を見落としてはならない。日本の選ぶべき道に対して警鐘《けいしょう》を鳴らす。

第5章：歴史の真相に怯える習近平

習近平政権になり言論弾圧が著《いちじる》しく強化されるようになった。インターネットの普及により隠しきれなくなった中国共産党の歴史の真相が世界に知られることを恐れているからだ。本章では2016年9月にワシントンDCで行ったスピーチをもとに、日中戦争時代、毛沢東が日本軍と共謀することによって強大化した事実と、中国の民主化に命をかける在米華人華僑《かきょう》からのメッセージを紹介する。彼らは「中国に対する日本の沈黙は、中共一党専制への肯定であり、共謀に等しい」として、日中友好の欺瞞性《ぎまんせい》を指摘している。

今年2017年は日中国交正常化45周年、来年18年は日中平和友好条約締結40周年となる節目の年だ。日本は日中友好を重んじ、日中首脳会談を実現させるために中国に対してさまざまな譲歩をしているようだが、その選択は正しいのか？　キッシンジャーが創った世界秩序とは何だったのか、その根本に戻って再考すべきではないだろうか。

本書が北朝鮮問題の着地点への模索と、トランプ政権誕生によって世界の覇者を狙っている中国に対する、日本のあるべき姿への考察の一助になれば幸いである。

習近平vs.トランプ
世界を制するのは誰か

◉目次

第3章
北朝鮮問題と中朝関係の真相 103

第4章 中国の野望、世界のリスク 157

イラスト　辣椒《ラージャオ》

第1章
「一つの中国」
――水面下で動く米財界と中国

1. それはトランプのビッグ・ディール第一弾だった

2016年11月8日、ドナルド・トランプが米大統領選に勝利したとき、それを最も歓迎していた国は中国だったと言っても過言ではない。

最大の理由は、選挙中も当選後も、TPP（環太平洋パートナーシップ）から離脱する方針を変えていなかったからだ。中国は、「これでアジアの経済貿易圏は中国の天下となる」と、ソロバンをはじいていた。

二番目の理由は、トランプが「アメリカは世界の警察官ではない」と公約したことだ。中国は、共和党は実利を重んじ、民主党は人権などの普遍的価値観を重んじる傾向にあると見ているため、「ヒラリー・クリントンが当選した場合に比べると、相当話が分かる相手が、最も手強《てごわ》い国の大統領になった」と喜んでいた。安全保障政策に関しては、いずれにせよ国防総省（ペンタゴン）が掌握しているので、誰が大統領に当選しようと大して変わらないとの思いがある一方、南シナ海問題や台湾問題あるいは尖閣諸島問題など、領土領海に関する多くの問題を抱えている中国としては、「アジア回帰をしないであろう大統領」が、ありがたかったのである。

ところが、その喜びは1カ月もせずに意外な形でひっくりかえってしまった。

２０１６年12月2日、トランプが、こともあろうに台湾の蔡英文総統と電話会談をしたのだ。これは１９７９年の米中国交正常化に伴い、アメリカと「中華民国」が国交を断絶して以来、初めてのことだ。国交正常化に当たり、中国が「中華人民共和国」を「唯一の中国」として認めさせ、「一つの中国」を堅持することを絶対条件として要求していたからである。それ以降、アメリカは「中華民国」を国として認めないことを誓い、「中国の一地域である〝台湾〟」と呼び、国家の指導者同士が接触しないことを守ってきた。

しかし、トランプは電話会談という手段を通してその原則を破っただけでなく、蔡英文総統を〝The President of Taiwan〟と呼んだのである。中華民国を国家として認めたことになる。トランプのツイッターには「蔡英文総統から電話をかけてきた」という「弁解」は一応書かれていたものの、それでも、タブーとされていた「直接会談」を「相手を総統と認めて受けた」ことは前代未聞で、中国（大陸、北京政府）にとっては驚天動地の大事件だったにちがいない。

おまけに両者は「経済、政治、安全保障での緊密な関係が台湾とアメリカの間にある」と確認し合ったと、台湾メディアおよびトランプ陣営が伝えた。

キッシンジャーの逆バージョンを演じたのか？

これに対して中国の王毅《おうき》外相は12月3日、「台湾がやった小細工だ」「これによって、アメリカが堅持してきた〝一つの中国〟の原則を変えることはできない」などと抗議した。中国外交部（外務省）のスポークスマンや中国の国務院台湾弁公室も抗議はしたが、それは気が抜けるほど、低いトーンのものだった。

なぜか——。

トランプ・蔡英文電話会談が行われていたほぼ同時刻に、ヘンリー・キッシンジャー元米国務長官が人民大会堂で習近平国家主席と会っていたからである。

キッシンジャーと言えば、「忍者外交」で有名だ。

当時、ベトナム戦争（1960年12月～1975年）の長期化と泥沼化に手を焼いていたアメリカは、中ソ対立が激しい中国に接近し、米ソ対立におけるアメリカの立場を有利に持って行こうという目論《もくろ》みもあり、水面下で北京政府と接近していた。

ニクソン政権時代（１９６９年1月20日～１９７４年8月9日）に大統領国家安全保障問題担当大統領補佐官および国務長官などを務めていたキッシンジャーは、１９７１年7月、パキスタン訪問中に体調不良と称して一日だけ姿を消し、極秘裏に北京を訪問した。ニクソン大統領以外、政権内でも知る者が少なく、もちろん同盟国・日本の頭越しの訪中であったことから、「忍者外交」として全世界に衝撃を与えた。

実はトランプは当選後まもない11月17日に、キッシンジャーに会い、外交問題に関してアドバイスを受けたと、アメリカメディアが報道した。会談後、トランプは「キッシンジャーを非常に尊敬しており、意見交換ができてうれしい」と語った。トランプ、キッシンジャー両氏は「中国、ロシア、イラン、欧州などの問題について話し合った」と報じられたが、当然この時に、「一つの中国」問題や台湾問題に関しても触れたことだろう。

そして12月2日に習近平とキッシンジャーがにこやかに握手したわけだ。

中国のメディアは誇らしげに、そして大々的に習近平・キッシンジャー会談を報道した。

そこに飛び込んできたトランプ・蔡英文電話会談！

人民に「習近平よ、お前はトランプに騙されたんだよ」と思われたら権威に傷がつく。

だから北京政府としては、トランプ・蔡英文電話会談をそう大々的に批判するわけにもいかなかったのである。

トランプとしては、「アメリカがTPPを離脱するからといって、中国の一人勝ちにはさせない」という、「取引（ディール）」の一つだったにちがいない。電話代以外はかけずに、習近平政権には衝撃的な楔《くさび》を打ちこむ。習近平の歯ぎしりが聞こえるような展開だった。

おそらくトランプは、この手法をキッシンジャーの忍者外交に学んだのではないかと思われる。両者に共通しているのは「一つの中国」というカードであって、キッシンジャーが「一つの中国」を容認して、あたかも世界の「常識」にまで持っていった人物だとすれば、トランプは逆にそのカードを破る形で利用しビッグ・ディール（大口取引）をしかける。両者に共通するのは、「それまで誰もしなかったことを断行して世界に衝撃を与える」という発想だ。

トランプの目論み通り、世界には衝撃が走り、次に何が起きるか分からないという予測不可能性と、ある種の期待を抱かせたのは確かだろう。

トランプの爆弾発言、中国のシグナル

それだけではなかった。

12月11日（日本時間12日）になると、トランプはＦＯＸニュースのインタビューで「一つの中国」に関して、次のような爆弾発言をした。

「私は〝一つの中国〟という政策があることは知っている。しかし貿易など、その他多くの取引に関して合意に達しない限り、なぜわれわれは〝一つの中国〟政策に縛られなければならないのか？」

「〝一つの中国〟を順守するかどうかは、南シナ海問題や貿易政策などの対立する分野で、中国側がわれわれと取引をするかどうかにかかっている」

このときの中国の抗議は尋常ではなかった。

中国では外交部のスポークスマンが12月12日の記者会見で、「〝一つの中国〟原則は中米関係の政治的基礎だ」「台湾問題は中国の主権と領土保全に関し、中国の核心的利益に関わる問題だ」などと表明しただけでなく、中国共産党機関紙「人民日報」の姉妹版「環球時報」は、「中国の厳粛なる領土主権の問題を商売の取引に使うな」と批判。中央テレビ局ＣＣＴＶは、「トランプ次期大統領の言動は、１９７９年以来築き上げてきた米中関係を破壊するものである」とした上で、「もし大統領に正式就任したあとも同様の政策を採るならば、戦争といった深刻な事態にもなりかねない」と警告した。

それが脅しの言葉だけではないという証拠に、中国は具体的な軍事行動を取り始めた。12月23日に空母・遼寧《りようねい》がミサイル駆逐艦3隻、フリゲート艦2隻を伴って渤海湾《ぼつかいわん》を出発したあと、25日に沖縄県の沖縄本島と宮古島の間に位置する宮古海峡を通過して、西太平洋に出たのだ。つまり第一列島線（後述）に沿って航行したことになる。その後、台湾を囲い込む形で、台湾南部とフィリピンの間に位置するバシー海峡を経由して南シナ海に出た。台湾と大陸の間にある台湾海峡を通らず、バシー海峡を通る形で南シナ海に進出したのは初めてのことである。

この時、台湾海峡を通らずバシー海峡を通ったことが重要だ。これはトランプの12月11日に「必ずしも〝一つの中国〟原則に縛られない」という発言に対抗したもので、「台湾は中国の一部」という「一つの中国」を見せつけるためのシグナルであった。

「反国家分裂法」

２０１７年1月8日、台湾の蔡英文総統は台湾と国交のあるホンジュラスやニカラグアなど中米4カ国訪問の際、米テキサス州ヒューストンに立ち寄るという、「トランジット外交」を断行。彼女が共和党の議員や共和党系のシンクタンク代表などと会うと、「環球時報」は「いざとなったら米中断交だって怖くない」という趣旨の論評を発表した。

中国には「反国家分裂法」（２００５年制定）がある。もし台湾が独立を唱えれば、いざという場合には「武力鎮圧も辞さない」ということを表明した法律だ。「これが火を噴き、台湾との平和統一ではなく、武力統一が先に来る」という報道も見られた。

そして「人民日報」やＣＣＴＶが「次に狙うのは第二列島線、東太平洋だ！」と一斉に報じた。第一列島線における中国海軍の活動はすでに常態化し、第二列島線は時間の問題だとしたのである。

まるでトランプに「〝一つの中国原則〟を破れるものなら破ってみろ」と言わんばかりだ。

ほぼ一触即発の状態だった。

なお、第一列島線というのは、１９８２年に鄧小平の指示を受けた中国人民解放軍の海軍司令員だった劉華清が中国防衛のために名づけたもので、日本列島から沖縄、台湾、フィリピンをつなぐ対米防衛ラインを指す。第二列島線というのは、伊豆諸島を起点に、グアム、パプアニューギニアに至る対米防衛ラインで、台湾有事の際にアメリカ海軍の支援を阻止する海域と、中国は位置付けている。

2. トランプ、突然の表明……「一つの中国」原則を尊重

トランプは２０１７年1月20日に大統領に正式に就任した。

それからほどない2月９日（アメリカ時間８日）、トランプは習近平に書簡を送り、大統領就任に当たり祝賀の書簡をもらったことに対して感謝の意を述べた。書簡では「プレジデント習近平とともに米中両国に利する建設的な関係を推進していくことを期待している」と述べている。

その翌日の10日、トランプはさらに習近平と電話会談を行い、歴代米政権が堅持してきた「一つの中国」原則を尊重する意向を伝えた。さらに、両国首脳は相互に招待していく方針も確認し、今後の協力関係を築いていくことで一致したという。

なんという突然の変化か。

そして、なぜこのタイミングなのか？

安倍首相訪米に合わせた「トランプ発言」の謎

実は安倍首相が２月９日から５日間の日程でアメリカを訪問し、ワシントンのホワイトハウスで10日（日本時間11日）にトランプ大統領と新政権発足後初の首脳会談を行うことになっていた。前述したようにトランプは９日、安倍首相が日本を離陸する前の時間帯に、習近平に返礼の書簡を送っている。就任式から20日も経った後のことだ。なぜこの日を選んだのか？

おまけに翌日には習近平と電話会談し、しかも、あれだけ北京に衝撃を与えた「一つの中国」原則に必ずしも縛られるものではないという前言を翻《ひるがえ》し、「一つの中国」原則を尊重すると言ったのである。

移民に関する大統領令の弾劾《だんがい》問題などで追い詰められたトランプが、敵を減らすために「一つの中国」論で中国と対峙《たいじ》するのをやめたということは、一つの可能性としては考えられる。しかしそれなら、なにも安倍首相の訪米に、ここまでピッタリ合わせる必要はないだろう。だとすれば、安倍首相訪米に敢えてタイミングを合わせた目的は何だったのか？

可能性としては以下のことが考えられる。

●「対中強硬路線だけではない」という姿勢を安倍首相に見せて、日本から譲歩を引き出そうとする。

●安倍首相との共同記者会見あるいは共同声明で「尖閣問題」に触れることは日米間で予め決まっていたので、中国にも良い顔をしておいて、パワーバランスを取る。

●トランプ大統領が周りのブレーンから米中経済の結びつきの強さを指摘され、そろそろ「取引（ディール）」を終わらせて、手を打ったほうがいいのではないかと判断した。

これらを総合的に考えたのだろうが、少なくとも決断させた背景にはブレーンがいるはずだ。

では、このブレーンとは誰か？　その可能性は二つ。

一つは次に述べる親中派米財界人たち。二つ目はトランプの娘婿・クシュナーである。彼は大統領選挙中のロシアとの結びつき（ロシアゲート）に関してアメリカのＦＢＩ（連邦捜査局）の捜査対象となっているが、クシュナーはロシアだけではなく、駐米中国大使館ともつながっていた。そして最も見落としてならないのは、そのすべてに関わっていたのはヘンリー・キッシンジャー元米国務長官だったということである。

ここではまず親中派米財界人の詳細を紹介し、次にクシュナーと中国との水面下でのつながりに関して考察する。最後に大物、キッシンジャーとはいったい何者なのか、彼は果たしてどのような手段でアメリカという国家を背後で動かしているのかを分析する。この真相を知らないかぎり、日本がいかに危険な選択をしようとしているかが見えてこないだろう。

3．水面下で中国と深くつながっていた米財界人

実は、習近平の出身大学である清華《せいか》大学には「経済管理学院顧問委員会」（以下、顧問委員会）という欧米の財閥を中心とした顧問委員会が存在する。これは同大学の出身である朱鎔基《しゅようき》元首相（国務院総理）が２０００年に設立させたもので、もともとは１９９０年代後半に朱鎔基首相が強力に推進していたＷＴＯ（世界貿易機関）に加盟するための経済貿易研究が目的だった。

顧問委員会の名誉主席は今も朱鎔基だが、問題はアメリカの大手財界人が多数を占める顧問委員50数名のなかに、トランプ政権の「大統領戦略政策フォーラム」（以下、フォーラム）の議長がいるということである。

その名はシュテファン・シュワルツマン。米大手の投資ファンド運用会社ブラックストーン・グループのＣＥＯだ。シュワルツマンは「蘇世民」という中国語名を持っているほどの親中派。同氏はまた「蘇世民書院」（SCHWARZMAN SCHOLARS）という、各界のトッ

プリーダーを目指すグローバル人材養成機関を清華大学の中に設立している。２０１６年9月10日の開学記念式典には、習近平やキッシンジャーなどが祝電を送っている。シュワルツマンは習近平ともキッシンジャーとも実に親密だ。

その他にも顧問委員会にはゴールドマン・サックスの元CEOで元米財務長官だったヘンリー・ポールソンなど、多くの米大手財閥のトップが入っている。

そしてそれは同時に、フォーラムのメンバーの一部でもある。たとえば米銀行最大手のJPモルガン・チェースのCEOであるジェイミー・ダイモンも顧問委員会のメンバーであると同時にフォーラムのメンバーでもある。

チャイナ・マネーでつながる米巨大財界人

習近平は２０１６年になって、さらに新しく米電気自動車（EV）メーカー、テスラ・モーターズや米宇宙開発企業スペースXのCEOであるイーロン・マスクを顧問委員会の委員に入れた（２０１７年6月1日、トランプ大統領がパリ協定から離脱すると表明したのを受けて、イーロン・マスクはフォーラムメンバーを辞退した）。

実はフォーラムのメンバー全16名をシュワルツマンとトランプの二人で選んだと、２０

16年12月5日に中国メディアは大々的に報じている。

習近平らは、もちろん顧問委員会メンバーとは親しい。

中国は「〝一つの中国〟原則は中国の神聖なる核心的利益で、それをビジネス交渉になど使うことは許されない！」と声高《こわだか》に叫んでいたが、何のことはない、中国の方から米財界人を「取引」に使ったということにもなる。

いずれにせよ、トランプが「一つの中国」カードを、彼の「ビッグ・ディール（大口取引）」のために使ったことは確かだ。ビジネスマン出身の国家運営方法は、すべて「ディール（取引）」なのかもしれない。彼はこの取引手法を、次に「北朝鮮問題」に使うことになる。

その話に入る前に、顧問委員会がどれだけ米財界人によって占められているか、その全員のリストを、フォーラムメンバーのリストとともに紹介する。

清華大学経営管理学院顧問委員会委員リスト（2016-2017）

名誉主席

朱鎔基	清華大学経済管理学院主任院長（1984-2001） 中華人民共和国国務院総理（1998-2003）

名誉委員

ロード・ブラウン・オブ・マディングリー	英国L1エナジー社経営執行役会長、英国ファーウェイ会長、BPグループ前CEO
ヘンリー・ポールソンJr.	ポールソン研究所代表、米国元財務長官 ゴールドマン・サックス元会長兼CEO
リー・スコットJr.	BDTキャピタル＆パートナーズ顧問委員会議長、ウォルマート前社長兼CEO
王岐山	中国共産党中央政治局常務委員、中国共産党中央規律検査委員会書記

主席 Chairman

ジム・ブライヤー	ブライヤー・キャピタル創業者およびCEO

副主席

邱勇（きゅうゆう）	清華大学学長

委員

メアリー・T・バッラ	ゼネラル・モーターズCEO
ドミニク・バートン	マッキンゼー＆カンパニーCEO
ロイド・ブランクファイン	ゴールドマン・サックス会長兼CEO
ジョン・ボンド	ボーダフォングループ前会長、HSBCホールディングス前会長
カルロス・ブリト	アンハイザー・ブッシュ・インベブCEO
★ジェイミー・ダイモン	JPモルガン・チェース会長兼CEO
常振明（じょう しんめい）	中国中信集団董事長
陳吉寧（ちん きってい）	中華人民共和国環境保護部部長兼党組織書記、清華大学元学長
陳元（ちん げん）	中国人民政治協商会議第12期全国委員会副主席、国家開発銀行董事長
ティム・クック	アップルCEO
マイケル・コルバット	シティグループCEO

委員

ボブ・ダッドリー	BPグループCEO
デニス・デュベルヌ	アクサグループ最高財務責任者兼取締役員
マーク・フィールズ	フォード・モーター前社長兼CEO
ウィリアム・フォード	ジェネラル・アトランティック(投資会社)CEO
馮国経(ビクター・フォン)	馮氏グループ会長、利豊グループ名誉会長
クリストファー・ガルビン	ハリソン・ストリート・キャピタル(投資会社)CEO、モトローラ前会長兼CEO
ジェフリー・ギャレット	ペンシルベニア大学ウォートン校学部長
カルロス・ゴーン	ルノー日産アライアンス社長兼CEO
郭台銘(テリー・ゴウ)	鴻海精密工業会長、鴻海グループ創始者
マリオ・グレコ	チューリッヒ・インシュアランス・グループCEO
モーリス・グリーンバーグ	C.V.スター・アンド・カンパニー会長兼CEO、AIGグループ元CEO
顧秉林(こ へいりん)	北京市科学技術協会会長、清華大学元学長、中国証券監督管理委員会前主席
郭樹清(かく じゅせい)	山東省前省長、中国銀行業監督管理委員会主席
ホー・チン	テマセク・ホールディングス(シンガポール政府投資会社)CEO
出井伸之	クオンタムリープ株式会社代表取締役、ソニー元会長兼CEO
アーウィン・M・ジェイコブス	クアルコム会長兼CEO
マター・ケント	コカ・コーラ会長兼CEO
ヘンリー・R・クラビス	KKR(投資会社)共同創設者、共同最高経営責任者
ジョナサン・レビン	スタンフォード大学経営大学院研究科長
リック・レビン	コーセラCEO、エール大学前総長
李沢楷(リチャード・リー)	パシフィック・センチュリー・グループ会長
李彦宏(り げんこう/ロビン・リー)	百度共同創業者および董事長兼CEO
李栄融(り えいゆう)	国務院国有資産監督管理委員会前主任
柳傳志(りゅう でんし)	聯想集団有限公司董事局名誉主席、レノボ創業者

委員

劉鶴(りゅう かく)	中国共産党中央財経領導小組弁公室主任
劉明康(りゅう めいこう)	中国銀行業監督管理委員会元主席
劉士余(りゅう しゆう)	中国証券監督管理委員会主席、党委員会書記
楼継偉(ろう けいい)	中華人民共和国財政部部長(2016年11月7日更迭)
アンドロニコ・ルークシック・C	ルークシックグループ(チリ)会長
馬雲(ジャック・マー)	アリババグループ創業者および会長
馬凱(ば がい)	中国共産党中央政治局委員、中華人民共和国国務院副総理
馬化騰(ポニー・マー)	テンセント共同創業者およびCEO
エリック・マスキン	ハーバード大学教授、2007年ノーベル経済学賞受賞
ダグラス・マクミロン	ウォルマートCEO
マイク・マクナマラ	フレクストロニクス(シンガポール)CEO
サイラス・ミストリー	タタ・サンズ(タタグループ統括会社)前会長
★イーロン・マスク	スペースX社共同設立者およびCEO、テスラ・モーターズ会長兼CEO、ソーラーシティ会長
サティア・ナデラ	マイクロソフトCEO
ニティン・ノーリア	ハーバードビジネススクール学長
インドラ・ヌーイ	ペプシコCEO
ブライアン・L・ロバーツ	コムキャスト会長兼CEO
ジニ・ロメッティ	IBM会長兼社長兼CEO
デービッド・ルーベンスタイン	カーライル・グループ(投資ファンド)共同創立者および共同CEO
デビッド・シュミッタライン	マサチューセッツ工科大学スローン経営大学院長
★シュテファン・シュワルツマン	ブラックストーングループ(投資ファンド)共同創立者およびCEO
リスト・シラスマ	ノキア会長、エフセキュア創業者および会長
アンドリュー・マイケル・スペンス	ニューヨーク大学経営大学院教授、2001年ノーベル経済学賞受賞者

委員

ジョン・L・ソーントン	清華大学グローバル・リーダーシップ・プログラム教授兼ディレクター、バリック・ゴールド(金鉱山会社)経営執行役会長、ブルッキングス研究所共同理事長
ベン・バン・ベアーデン	ロイヤル・ダッチ・シェルCEO
ジェイコブ・ウォーレンバーグ	インベスターAB会長
王大中(おう だいちゅう)	清華大学元学長
マージョリー・ヤン	エスケルグループ(香港)会長兼CEO
趙純均(ちょう じゅんきん)	清華大学経済管理学院元院長
周小川(しゅう しょうせん)	中国人民政治協商会議第12期全国委員会副主席、中国人民銀行行長
マーク・ザッカーバーグ	フェイスブック共同創業者およびCEO

(出典:清華大学HP　http://www.sem.tsinghua.edu.cn/about/wyhmd.html)

大統領戦略政策フォーラムのメンバー

フォーラム議長

★シュテファン・シュワルツマン	**米投資会社ブラックストーン・グループ共同創立者およびCEO**

メンバー

ポール・アトキンス	投資会社パトマク・グローバル・パートナーズCEO、元米証券取引委員会(SEC)委員
メアリー・バッラ	米自動車最大手ゼネラル・モーターズCEO
トビー・コスグローブ	米医療機関クリーブランド・クリニック社長兼CEO
★ジェイミー・ダイモン	**JPモルガン・チェースCEO**
ラリー・フィンク	米投資会社ブラックロックCEO
トラビス・カラニック	米配車大手ウーバー・テクノロジーズの共同創立者およびCEO
ボブ・アイガー	ウォルト・ディズニー会長兼CEO
リッチ・レッサー	ボストン・コンサルティング・グループCEO
ダグラス・マクミロン	小売り最大手ウォルマートCEO
ジム・マクナーニ	元ボーイング会長兼CEO
アデバヨ・オグンレシ	グローバル・インフラストラクチャー・パートナーズ会長
ジニ・ロメッティ	IBMの会長兼社長兼CEO
ケビン・ウォルシュ	元米連邦準備制度理事会(FRB)理事
マーク・ワインバーガー	監査法人アーンスト・アンド・ヤング会長兼CEO
ジャック・ウェルチ	元ゼネラル・エレクトリックCEO
ダニエル・ヤーギン	エネルギー専門家、ピュリツァー賞作家
★イーロン・マスク(2017年6月1日、メンバーを辞退)	**米電気自動車(EV)メーカー、テスラ・モーターズのCEO**
インドラ・ヌーイ	米飲料大手ペプシコのCEO

(出典:トランプ政権移行チーム2016年12月14日プレスリリース
https://greatagain.gov/president-elect-trump-announces-additional-members-of-presidents-strategic-and-policy-forum-8aa8822eced9)

コラム——超エリート校・清華大学の由来

清華大学はもともとアメリカの資本で建学されたものである。しかもアメリカに留学する者を養成するために建てられた。話は清《しん》王朝時代の1900年頃に遡《さかのぼ》る。まだ女帝・西太后《せいたいごう》が君臨していた時代のこと。「義和団《ぎわだん》の乱」が起きた。キリスト教の布教において、欧米列強が中国を植民地支配していたのをよいことに、宣教師たちが横暴なことをしたり、清王朝の官僚に迫害された貧者がキリスト教の信者となって食事を得るなど、複雑な様相を呈していた。

山東省には孔子が生まれた曲阜《きょくふ》という地がある。山東省の権益を我が物にしたいと狙っていたドイツは、ことのほかその山東省でキリスト教の布教に力を入れていた。しかし紀元前500年から、ひたすら孔子を尊敬し誇りに思っていた山東省の人々は、中華民族を蔑視《べっし》したキリスト教の布教に対して排外運動を起こすようになり、これが義和団の乱として発展していった。

西太后は義和団を利用して中国を植民地化している八大列強を相手に戦いを挑んだ。清国と義和団が戦った相手は「大日本帝国、ロシア帝国、イギリス、フランス、アメリカ、ドイツ帝国、イタリア王国、オーストリア＝ハンガリー帝国」の八カ国連合軍である。

清王朝は惨敗し、１９０１年５月から７月にかけて終戦協定が検討され、９月に賠償金に関する調印が成された。この金額がまた、天文学的数字。清王朝の年間予算が１億両弱だったのに対して、８カ国から要求され、かつ清王朝が受諾した金額は利払いも含めて10億両近かった。調印金額である４・５億両は、当時の米ドルで３・33億ドルに達すると言われている。

その賠償金は１９１２年に清王朝が滅亡したあとに誕生した中華民国にも引き継がれ、中国の政権の脆弱《ぜいじゃく》さをもたらした。

しかしこの高額すぎる賠償金は国際社会の非難を受ける結果を招き、まだ清王朝が滅びる前の１９０９年、アメリカは賠償金を免除して、その資金で中国人留学生をアメリカに留学させることとした。親米派を増やそうという国家戦略でもあった。

留学前の予備教育として１９１１年に建立された清華学堂こそが、現在の清華大学の礎《いしずえ》となっていく。つまり清華大学の前身は、アメリカ留学のための予備校だったのである。

留学は１９０９年９月から始まっている。第一期生は６３０人の受験生の中から選ばれた47人。留学先はハーバード大学、ミシガン大学、コロンビア大学、イリノイ大学、コロラド大学、ウィスコンシン大学、マサチューセッツ工科大学、エール大学……と多岐にわたる。アメリカ本土においても各地に中国通を増やしていき、双方向性の教育交流を戦略として考えたようだ。

１９１０年８月には、第二期の70人が、１９１１年８月には第三期の63人がアメリカに派遣されて、それぞれ学士学位や修士学位、中には博士学位を取得して中国に戻っていった。

このような伝統のなかで培《つちか》われてきた超エリート校、清華大学は、朱鎔基、胡錦濤、習近平と、三代にわたって中国のトップリーダーを輩出していくことになる。

朱鎔基、胡錦濤そして習近平は、１９０９年から始まったアメリカ留学とその予備校であった清華学堂時代から脈々と伝わっている「清華大学の魂」を共有しながら、巨大な米中構想を構築しているのである。

4. トランプ政権はキッシンジャーに乗っ取られていた

2016年11月8日にトランプが大統領に当選すると、同月17日、トランプはキッシンジャーと会い、外交問題に関してアドバイスを受けたことは前述した。そのとき実は、トランプの娘イヴァンカの夫クシュナーと、ロシアゲートでのちに大統領補佐官を辞職したフリンが同席していた。中国のウェブサイト澎湃《ほうはい》新聞などが詳細に伝えている。

ロシアゲートとは、トランプが大統領選挙期間中に、ロシアと秘密裏に連携し、サイバー攻撃などを通して対抗馬のヒラリー・クリントン陣営を不利に追い込み、トランプの勝利を導いたのではないかという疑惑で、本章の最後で述べるニクソン元大統領の「ウォーターゲート事件」をもじって、「ロシアゲート」と称する。ハッカー行為の有無に拘らず、一個人が政府の命令なしに他国の大使館のスタッフや他国政府（特に争っている外国）の要人らと秘密裏に接触し、国家に影響をもたらす行動は禁じられている（ローガン法）。その意味で、トランプが大統領に就任する2017年1月20日までの政権移行期および選挙中に行ったこの種の接触は、「一個人」としての行為なので、違法行為に相当することになる。12月2日に北京で習近平と会談したキッシンジャーは、12月6日、クシュナーに会って、中国の楊潔篪《ようけつち》国務委員と会うように忠告した。国務委員とは中国の中央政府すなわち国務院の常務会議の中から選ばれたスタッフで、国務院総理（首相）を直接サポートする。李《り》克強《こくきょう》国務院総理の下に4人の副総理がおり、その下に5人の国務委員がいる。

クシュナーと中国大使との関係構築工作

外交を担当する国務委員である楊潔篪は12月11日と12日、ラテンアメリカを訪れることになっていた。そのトランジットでニューヨークに立ち寄り、12月9日と10日、キッシンジャーの仲介で、楊潔篪は崔天凱《さいてんがい》駐米中国大使とともに、クシュナーに会った。

会談場所はニューヨークにあるクシュナーの執務室だ！

その結果はまだ、クシュナーからトランプ次期大統領に伝えられてはいなかったのか、あるいは敢えて揺さぶったのか、すでに述べたように、12月12日、トランプは「（貿易問題に対する）中国の対応次第によっては、アメリカは必ずしも〝一つの中国〟原則に束縛されるものではない」という爆弾発言をしたのである。

キッシンジャーと駐米中国大使館は慌ただしく動いた。

そして中国の春節（1月28日～）の初五（5日目）に当たる２０１７年2月1日、崔天凱大使はイヴァンカとその娘アラベラを、ワシントンにある中国大使館の「春節の宴」に招いた。

その背後では凄《すさ》まじい勢いでクシュナーとイヴァンカを中国陣営に取り込む作戦が実行に移されていた。中文メディアでは「クシュナーと中国大使との関係構築工作」という言葉で表現されている。つまり習近平が、キッシンジャールートで崔天凱を使って、イヴァンカを誘い、クシュナーを中国陣営に取り込んで、トランプ政権を内部から懐柔《かいじゅう》する策である。

トランプがイヴァンカの助言を重視し、その婿クシュナーを重用していることに目をつけた中国は、「クシュナーとイヴァンカ」にターゲットを絞った。

クシュナーは1月20日に大統領上級顧問に就任している。

2月1日にイヴァンカが中国大使館に行く前に、クシュナーと崔天凱は、密室で長時間にわたり会談を行った（2月4日ＣＮＮ）。

その結果、2月8日（日本時間9日）に、トランプは習近平宛ての春節のお祝いの電報にかこつけて、1月20日の就任式に習近平からもらった祝電に対するお礼を述べる運びとなったわけだ。そして翌日、安倍首相が訪米する日に合わせて、トランプは習近平に電話で、「一つの中国」原則を尊重すると宣言するのである。

背後には、前述の清華大学経営管理学院顧問委員会の委員たちもいるが、何よりもクシュナーと、クシュナーを操っていたキッシンジャーの役割を無視することはできない。

こうして4月5日付で対中強硬派のバノン（首席戦略官）は国家安全保障会議（NSC）の常任委員から外され、同じく対中強硬派のナバロが委員長を務めていた国家通商会議は5月3日に廃止された。代わりに通商製造政策局が設置され、ナバロがトップに就いたものの、貿易相手国との交渉は担当せず、ナバロの影響力を低下させたのは明らかだ。

もっとも、バノンがNSCから外された背景にはトランプとの相克があったようだが、しかしバノンは解任される前、クシュナーのことを「民主党リベラル派に近く、トランプ主義に反する」と非難している。バノンはクシュナーのなかに「中共に洗脳された人間」あるいは「中共の罠《わな》にはまった人間」を見ていたのかもしれない。

このときトランプ政権の中枢から、対中強硬派は姿を消し、親中派が幅を利かす方向へと誘導されていた。

それは第4章で述べる「一帯一路（陸と海の新シルクロード）」構想やＡＩＩＢ（アジアインフラ投資銀行）に関して、習近平の「世界の覇者」になろうという遠大な目的のために動いていた戦略の一環であることを見落としてはならない。

3人の子供に中国語を学ばせるイヴァンカ

香港の蘋果《ピングオ》日報（アップルデイリー）や大公報などによれば、次章で詳述する米中首脳会談（2017年4月6日、7日）に関する下準備も、クシュナーと崔天凱が仕組んだようなもので、それは早くからキッシンジャーによって導かれていたという。

まずクシュナーは崔天凱と綿密に打ち合わせをして、首脳会談後に発表すべき共同声明の草案まで、崔天凱から手渡され、トランプ政権はまるで中国の手中で動いているような錯覚を与えていた。ところが、さすがにシリア攻撃の話はトランプの意向によって内密にされていたのだろう。習近平側は驚き、結局この共同声明が使われることはなかった。

キッシンジャーがなぜクシュナーに目をつけたかに関しては、前述したとおりトランプが娘イヴァンカをことのほか可愛がっているだけでなく、彼女のビジネスの腕を高く評価しているため、その夫クシュナーを懐柔すれば、トランプ政権をコントロールできると考えたからだろう。

しかし、実はそれだけではなかった。

イヴァンカは、もともと大の親中派なのだ。

彼女は「イヴァンカ・トランプ」というブランドの靴を2010年から中国の広東省東《とう》莞《かん》市にある華堅集団という中国企業で製造させていた。東莞市は同じく広東省にある改革開放の地・深圳《しんせん》市の隣にある改革開放の先端を走る都市だ。多くの外国企業が集中している。中でも華堅集団は靴製造にかけては世界一の生産量を誇っている。

2016年9月、まだ大統領選真っ只中の頃、トランプ陣営とヒラリー陣営は激しい中傷合戦を繰り広げていたが、この華堅集団における「イヴァンカ・トランプ」の靴製造工場の従業員に対する扱いが過酷すぎるというマイナス報道が出たことがある。

これに対して、すでにクシュナーと駐米中国大使館との連携が表面化した2月に入ると、なんと、「環球時報」がマイナス報道を否定する記事を書き始めたのだ。すると、中国のネットには「イヴァンカ礼賛《らいさん》」記事が突如多くなる。ネットユーザーは彼女のスタイルの良さや美貌などとともに、彼女が自分の3人の子供たちに中国語を学ばせていることを礼賛した。1歳の息子セオドアが、漢字の簡体字が書いてある積み木ブロックで遊んでいる写真が中国のインターネットには数多く載っており、5歳の娘アラベラが中国語の歌を歌っている様子の動画も出ている。

キッシンジャーが目をつけたのも、実はこの要素だったにちがいない。

2014年からイヴァンカはニューヨークのマンハッタンにあるカルーセル語学院にある中国語教室で子供たちに中国語を学ばせている。アラベラがまだ3歳になるかならないかの頃だった。この語学院は、アメリカの富裕層をターゲットとした貴族学校で、イヴァンカは、3人のすべての子供に、まだカタコトしか話せない段階から中国語を学ばせていた。

家で雇っている乳母《うば》も在米華人。中国語環境が充分に備わっていた。それもあって、キッシンジャーは、「クシュナーなら操りやすい」と判断したものと推測される。

4月6日の米中首脳会談第一日の晩餐会《ばんさんかい》の前に、イヴァンカ夫妻の子供たちに中国語の歌を歌わせてはどうかという提案をしたのはキッシンジャーだという。

そこで5歳のアラベラと3歳の息子ジョセフは、特別の演出をすることになった。

トランプ夫妻の出迎えによって習近平夫妻がトランプの豪華別荘「マール・ア・ラーゴ」に入るなり、ジョセフは唐詩や「三字経《さんじきょう》」を中国語で暗誦《あんしょう》し、アラベラは『茉莉花』（モア・

リー・ホワ）という歌を中国語で歌った。この歌は中国人民解放軍専属の歌手だった習近平の夫人・彭麗媛《ほうれいえん》が歌ったことでも有名で、習近平がまだ浙江省《せっこうしょう》の書記をしていた２００５年の春節の宴で歌った国民的な歌だ。

クシュナーはキッシンジャーの操り人形か

孫の姿に目を細めるトランプは、その母親である娘・イヴァンカの言うことには殊《こと》の外《ほか》耳を傾ける。シリア攻撃に関しても、化学兵器で苦しむ幼児の姿を見て、イヴァンカが「あまりに残酷だ」と言ったことが、ミサイル攻撃に踏み切る決断のきっかけの一つになったと言われている。次章で詳述する米中首脳会談で、習近平に対してもその光景に関して説明し、シリア攻撃の正当性を習近平に認めさせたとのこと。これを使えばいいということを、トランプはイヴァンカから学んだようだ。

一方、首脳会談前日の４月５日、つねにトランプ批判をすることで知られているＣＮＮは、「トランプは『アメリカ・ファースト』と主張して海外の工場をアメリカに引き揚げろと命令しているが、自分の娘の工場は中国にあり、中国の安い労働力を使って、アメリカ人の雇用を削《そ》いでいる。それはいいのか」といった趣旨の報道をしている。

ところが、それに対して、なんと晩餐会を行っている最中に、「イヴァンカ・トランプ」ブランドが3件も中国から商標登録の仮承認を受けたのである。アメリカ国内では利益相反との批判を受けているが、イヴァンカはトランプ政権に無料奉仕する役割に留まることによって批判を避けている。

それにしても、もしクシュナーがキッシンジャーの操り人形だとすれば、アメリカは「中国のために存在する」のであって、トランプの言う「アメリカ・ファースト」ではなくなってくる。その意味でキッシンジャーはアメリカから見れば「アメリカを中国に売った人間」ということになりはしないのだろうか。

アメリカの国益が中国のためにあり、そのアメリカの行動に日本が従うのだとすれば、日本もまた中国の利益のために存在する国と化してしまう危険性を孕《はら》んでいる。それは第4章で再度述べる。

キッシンジャー・アソシエイツの正体――アメリカを私物化

キッシンジャーは1971年7月に最初に中国を訪問している。中国では1976年に毛沢東が他界すると、1978年末に鄧小平の号令により改革開放が始まった。その翌年の1979年、鄧小平はキッシンジャーに「中国に協力してくれるアメリカのハイテク企業を紹介してくれ」と頼んだ。

というのは、中国は1966年から76年まで展開された文化大革命によってすべての高等教育機関が閉鎖され、兵器以外の科学技術に関する研究はストップし、経済は壊滅的打撃を受けていたからだ。ハイテク産業における西側諸国とのギャップは埋めようもないほどに立ち遅れていた。

そのときキッシンジャーが紹介したのがヒューレット・パッカード（HP）だ。ヒューレット・パッカードの中国における電子産業参入は熱烈に歓迎された（前掲の清華大学経営管理学院顧問委員会のなかには初期から2015年までヒューレット・パッカード関係者が入っていた）。そのことを知った他のアメリカ企業もキッシンジャーを通して鄧小平の承諾を得ながら中国に進出し始めた。

そこでキッシンジャーは1982年に「キッシンジャー・アソシエイツ」というコンサルティング会社を設立。やがて中国に進出したいアメリカ企業だけでなく、アメリカに進出したい中国企業もキッシンジャーに相談するようになり、その「仲介料」として莫大な資産をキッシンジャーは手にするようになる。もちろん対象国は中国だけではない。

ペンシルベニア大学のアーサー・ウォルドロン教授は２０１７年1月に行われた筆者との対談で、「ともかくキッシンジャー・アソシエイツに気を付けろ。諸悪の根源はキッシンジャーにある」と強調したことがある。彼によれば、キッシンジャーは外交分野の一学究のような顔をしながら、実はその立場を利用して莫大な汚れた金をポケットに入れ、アメリカの外交政策に影響を及ぼしてきたという。そして「アメリカの新しい腐敗」を誕生させたとのこと。その金額に関して香港メディアのアップルデイリーも、キッシンジャーは「天文学的報酬を〝顧客〟の名のもとに、好ましくない国から受け取っている」と報道している。

そこで筆者なりに調べてみたところ、以下のようなことが分かった。

アメリカには外国代理人登録法（Foreign Agents Registration Act 略称ＦＡＲＡ）という法律がある。外国から経費をもらってロビー活動をする場合、外国のエージェントとして業務活動をすることを登録しなければならない。キッシンジャー・アソシエイツは、一見（というか、誰が見ても）中国などのロビー活動を行っているように見える。しかしキッシンジャーは「自分はロビー活動を行っていない」として、このＦＡＲＡには登録していないという。登録すれば事業内容を公開しなければならないが、キッシンジャー・アソシエイツは「コンサルティング会社なので、顧客リストを公開することは絶対にできない」と拒んできた。

たとえば、2001年9月11日にアメリカで起きた同時多発テロ、いわゆる「9・11」事件の独立調査委員会が2002年11月27日に当時のブッシュ大統領によって設置された。そのときキッシンジャーが委員長に任命されたのだが、辞退している。その理由として、委員長という公的立場になった時には利益相反等になっていないかなど、業務内容を公開しなければならないが、「顧客リストを公開すると、自分の会社に迷惑がかかるので、必要な財務関係書類をホワイトハウスに提出できない」ことを挙げている（2002年12月13日付書簡）。CNNの取材に対しても、「クライアントに関して情報公開する法律事務所はない」と答えている。

これは実に賢明な（狡賢《ずるがしこ》い？）やり方だ。コンサルティング会社という隠れ蓑を着て、その会社を通して相手国に便宜を図ればいいわけだから。しかし、それでも明らかにロビー活動をしていることが疑われ、大きな問題に発展したことは何度もある。

ニューヨーク・タイムズは1989年4月30日、キッシンジャーが（旧）ソ連とアメリカの高官から金をもらってロビー活動を行っていることに関して、これはロビイング法に違反しており、顧客情報を開示していない問題点を大きく報じた。しかしこのときも「コンサルティング会社なので情報公開できない」と弁明して逃げ切っている。ソ連が崩壊する前の出来事である。

また１９９７年３月３日付のワシントンタイムズは、キッシンジャーが「１０００社あまりの会社のロビイスト集団のキーアドバイザーになっていること」に関して、アメリカの司法省当局者が情報開示の点で懸念を示し、「ＦＡＲＡに違反している可能性がある」と指摘している。これはちょうど中国で当時の江沢民政権がＷＴＯ（世界貿易機関）に加盟しようとして全力を上げてアメリカを水面下で説得していた時期と重なる。最も積極的だったのは当時の朱鎔基首相。キッシンジャーのこのスキャンダルは、中国でも話題になったものだ。しかしさらなる大金が動いて、司法をも握りつぶしたのだろうか、キッシンジャーは逃げ切ってしまった。

これに関してウォルドロン教授は「彼らはしばしば司法長官と手を結んでいるから、検察が立件できないケースもあり、司法が偽証をすることさえもある」と憤りをぶつけた。

キッシンジャーの「活動」の歴史があまりに長いため、最近では情報公開の対象になり始め、キッシンジャー・アソシエイツが設立する前からのロビー活動が公文書により明らかになってきた。

たとえば、2017年1月6日のPOLITICOというアメリカのウェブサイトに「ヘンリー・キッシンジャーは現職大統領に対して陰謀をくわだてている」というタイトルでシンクタンク・カーネギーカウンシルのシニアフェロー、Zach Dorfmanという人が記事を書いている。それによればキッシンジャーは1977年に政界を離れて以来、数多くのアメリカ大統領に多大な影響をもたらしてきたが、たとえば1979年に時のカーター大統領がワシントンで起きたチリのピノチェト政権による政敵暗殺事件の犯人引渡し要求をチリが拒否したことを例にとって説明している。事件が起きたのはキッシンジャーがまだフォード政権（1974年〜1977年）の国務長官だったときの1976年で、カーター政権に移ったあとの1978年秋にカーター大統領が引き渡しをチリに求めたわけだ。それをチリが拒否したのは、すでに（民間人）になっていたキッシンジャーが1979年に介入して止めさせていたことをZach Dorfmanが情報公開された公文書のなかで見つけたという。当然のことながら、このときチリ政府関係者からは莫大な報酬がキッシンジャーに渡っていただろう。

キッシンジャー・アソシエイツを設立したのはその後の1982年なので、こうしたことにも味をしめていたのかもしれない。今後は続々情報公開されて、キッシンジャーのロビー活動の証拠が出てくるだろうが、それには時間がかかる。

筆者自身が本書ですでに突き止めている清華大学の経営管理学院顧問委員会とトランプの大統領戦略政策フォーラムに共通する人物に基づいて、現在進行形でつかんでいる証拠は、おそらくアメリカの多くのジャーナリストや研究者が追い求めている証拠に、まったく別の角度から新しい情報を提供することができるのではないだろうか。

実は、シュテファン・シュワルツマンがCEOを務めているブラックストーンという会社は、ピーター・ピーターソンという、もう一人の人物と共同で設立している。そしてこのピーターソンは、まさにニクソン政権時代にキッシンジャーとともに大統領補佐官を務めていた。キッシンジャーは外交問題担当で、ピーターソンは国際経済問題担当だった。キッシンジャーが国務長官になるとピーターソンも商務長官に就任。ピーターソンはニクソン政権崩壊とともにリーマン・ブラザーズの会長に就任するなどニューヨーク金融界の大物になっていくが、キッシンジャーは次のフォード政権まで残った。

ブラックストーン・グループは、キッシンジャー・アソシエイツと戦略的提携関係を持つという状況の中で1985年に創立された。キッシンジャー・アソシエイツとブラックストーンの緊密さは尋常ではなく、キッシンジャー・アソシエイツのオフィスはブラックストーンのビルの中にある。

前述した1997年3月3日付のワシントンタイムズが報じたキッシンジャーのスキャンダル（1000社あまりの会社のロビイスト集団のキーアドバイザーになっていたこと）は、2000年に中国の朱鎔基首相が自身の出身校に顧問委員会を創設する3年前のことだったことをしっかり認識していただきたい。そして何よりもこの顧問委員会は、中国のWTO加盟のために設立されたものである。

賢明なる読者の方々には、もうこれ以上説明しなくてもお分かりいただけただろう。

清華大学経営管理学院顧問委員会とは、キッシンジャー・アソシエイツとの水面下の協力により設立されたものであり、顧問委員会はいま、習近平の手中にあるのである。

繰り返しになるが、トランプが大統領に当選したあと、キッシンジャーがトランプに会ったのは2016年11月17日で、トランプ次期政権の「大統領戦略政策フォーラム」のメンバーが発表されたのは、それからわずか3週間足らずあとの12月5日だ。シュワルツマンが習近平といかに緊密であるかは、キッシンジャーなら熟知している。そもそもブラックストーンの中国進出を仲介したのはキッシンジャー自身なのだから。

キッシンジャー・アソシエイツ創立時には、ゴールドマンサックスなどの銀行から融資を受けている。ブラックストーンのピーターソンはかつてモルガン財閥系列でも仕事をしていた。顧問委員会リストのなかにゴールドマンサックス系やモルガン系列が多いのは、そのせいであろう。

さらに、キッシンジャー自身が顧問リストにあるＡＩＧグループとＪＰモルガン・チェースの国際諮問委員会委員長を務めており、両社が顧客であるほか、コカ・コーラ、ＩＢＭなどもキッシンジャー・アソシエイツの顧客だ。これらの会社名が顧問委員会リストにあるということは、清華大学とアメリカ財界人を結んでいるのは、キッシンジャーだったことが明白である。

キッシンジャーは、ＦＡＲＡに登録してロビー活動を行うのではなく、キッシンジャー・アソシエイツの「顧客」を通して、相手国政府を自由に操り、その成果をアメリカ政府をコントロールする手段に使っている。まさに「天文学的な金額」がポケットに入る形で、アメリカを私物化しているとさえ言える。

さらに駐中国のアメリカ大使に、習近平の古くからの友人であるテリー・ブランスタッドを指名したのも、キッシンジャーのなせる業だ。ブランスタッドは共和党員で１９８

2年からアイオワ州の州知事を務めている。途中で引退したこともあるが、2017年5月24日まで州知事を務めた。習近平はまだ河北省正定《せいてい》県の党委員会書記だったときの1985年にアイオワ州を視察し、州知事だったブランスタッドに会ったことがある。以来、30年以上にわたり互いに親交を深めてきた。それを知っているキッシンジャーがトランプに推薦したのである。

ロシアゲート：トランプ政権の人事を牛耳ったキッシンジャー

ロビー活動もどきの対象国は、何も中国だけではない。

キッシンジャー・アソシエイツが対象とする国は数十カ国を上回ると、ウォルドロン教授は言う。中国の次に大きいのが、ロシアだ。それは前述のニューヨーク・タイムズが1989年4月30日に報道した、キッシンジャーと（旧）ソ連との間のスキャンダルからも想像できるように、ロシアとの関係も相当に深く長い。その証拠の一つとして、キッシンジャー自身がロシア科学アカデミー外国人会員の一人だということが挙げられる。

2016年2月3日、キッシンジャーはロシアのプーチン大統領の招聘《しょうへい》を受けてロシアを訪問した。ロシアのメディア「スプートニク」が、ロシア大統領府のペスコフ報道官の話として明らかにした。それによればプーチン大統領は、「こうした機会を利用して、現在の国際政治問題や今後の情勢の展開に関して話し合うことは、非常に重要だ」と言ったとのこと。

帰国後の5月18日、キッシンジャーはトランプに声をかけ、自宅に招いた。

そして２０１６年10月、元国家安全保障会議ロシア担当上級部長（ブッシュ政権時代の大統領補佐官）だったトーマス・グレハムは「ロシアを封鎖することはアメリカの利益にならない」旨のスピーチをしている。なんとグレハムは、ほかでもない、このキッシンジャー・アソシエイツの常務理事なのである。

トランプが大統領に当選したあと、プーチンはトランプに電話をして会談を行った。そしてトランプは盛んに「プーチンはいい奴だ」と言い、中国では「トランプとプーチンが口づけしているイラスト」がネットに溢れたほどだ。しかし、「二人の仲」は「ロシアゲート」疑惑により裂かれ、二人が「親密でない証拠」を見せるかのように、トランプはロシアが後ろ盾になっているシリアを攻撃して見せている。

キッシンジャーは大統領選挙期間中および新政権移行期間中、何度もフリンと会っており、トランプにフリンを大統領補佐官・国家安全保障担当に推薦した。フリンはすでにロシアゲートの疑いにより辞任。クシュナーはロシアゲートの捜査対象としてFBIにより指名されている。

まだ疑惑の対象として名前が挙がってはいないティラーソン国務長官も、キッシンジャーがトランプに推薦した人物と言われている。ティラーソンはエクソンモービルCEOとしてロシア最大の国営企業と取引をしていた。2013年、ロシアの友好勲章を授与されており、プーチン大統領とは大の仲良しだ。ティラーソンは中国でも多くの事業を手掛けており、キッシンジャーにとっては都合のいい持ち駒だったのだろう。その間にどれだけの金が動いたのかは想像に難くない。

選挙中のハッカー攻撃疑惑は別として、これら一連の出来事が「ロシアゲート」につながっていないという保証はない。

キッシンジャーにとって、外交経験のないトランプは格好の餌食《えじき》になったにちがいない。コミー元FBI長官の解任と証言の背後には、「深い闇」がうごめいている。

「金正恩とハンバーガー」発言はキッシンジャーに学んだのか

トランプが北朝鮮の金正恩《キムジョンウン》委員長に関して、「なんならハンバーガーを食べながらお喋りをしてもいい」という趣旨のことを言い始めたのは、まさにキッシンジャーの自宅に招かれる前後のことだ。キッシンジャー宅を訪問する前に、二人は何度も電話を交わしている。アメリカメディアも中文メディアもそのことを伝えている。ということは、１９７１年に世界の誰もが考えていなかった「キッシンジャーと周恩来&毛沢東との会談」という、宿敵同士が会談するような「事件」を、トランプも世界の意表を突く形で実現し、世界をアッと言わせたいという発想があったのではないかと思うのである。

本章最後に示すように、キッシンジャーの忍者外交の背景には世界的問題と化していたベトナム戦争があった。米中という敵同士を、忍者外交をきっかけとして友好国にさせ、結果的にベトナム戦争終結にまで持っていったキッシンジャーは、その功績によりノーベル平和賞を受賞している。

トランプが最終的に狙うのは、世界の意表をついて北朝鮮を訪問することによって、あるいは金正恩を訪米させて一気に北朝鮮問題を解決し、「ノーベル平和賞」を受賞することかもしれない。事実、韓国の金大中《キムデジュン》元大統領は「太陽政策」を唱えて２０００年に北朝鮮の平壌を訪れ、それによりノーベル平和賞を受賞している。あの時に比べ、北朝鮮危機は緊迫の度合いを増している。

そのため、「こんなに大変な世界的問題と化している北朝鮮問題を、意表を突いて金正恩に会って解決した男」として、ノーベル平和賞受賞を狙っているのではないか。それくらいトランプはキッシンジャーに心酔してしまったように見受けられる。しかし移民問題やパリ協定離脱などで世界平和貢献とは逆の方向に動いており、また徐々に現実を認識し始めて行動が制限されてきたので、その望みが叶う可能性は低いのかもしれない。特にアメリカ人学生オットー・ワームビアさんがこん睡状態のまま解放され、北朝鮮からの帰国後に無残な死を遂げた。このことに対するアメリカ国民の怒りは収まらないだろう。可能性は遠のくばかりだ。

一方、韓国の文在寅《ムンジェイン》大統領は当選後も北朝鮮との対話路線を否定せず、2018年の平昌オリンピックで、一部競技や聖火リレーの北朝鮮開催まで提案し始めた。これでは対北朝鮮制裁も何もあったものではないが、文在寅もまた、ノーベル平和賞を受賞した金大中を狙っていたのかもしれない。もっとも北朝鮮は制裁解除を条件としてきたので、うまくいかないだろうが。米朝首脳会談の前提条件が、アメリカは「核・ミサイル開発の全面停止」で韓国は「一時凍結」の違いはあるが、ある意味では米韓首脳の共通点ではある。

「一つの中国」原則――キッシンジャーがもたらした災禍

日中戦争が終わったあと、蔣介石（国民党）がトップリーダーであった「中華民国」を倒そうと、毛沢東（中国共産党）が革命（反乱）を起こし、国共内戦（国民党と共産党の内戦）が始まった。内戦に勝った毛沢東は、１９４９年10月1日に中華人民共和国誕生を宣言。蔣介石は台湾に「遷都《せんと》」し、台北を「中華民国」の臨時首都として、広大な大陸を含めた国土を「一つの中国」とみなす「大中国政策」を実施した。「中国を代表する国家は中華民国のみである」ことを絶対的な政治基盤としていた。

一方、中国大陸の北京政府は、「中華民国を倒して中華人民共和国が誕生したのだから、元中華民国であった領土は、すべて中華人民共和国のもの」として「一つの中国」を主張。「中華民国」は第二次世界大戦で連合国側としてアメリカとともに日本と戦っているので、国連には「中国」を代表する国として加盟し、安保理常任理事国でもあった。

ところが、泥沼化したベトナム戦争からの撤退を選挙公約にして当選した共和党のニクソン米大統領（政権期間　１９６９年～１９７４年）は、北ベトナムを応援し中ソ対立（中国と旧ソ連との対立）を抱えていた北京政府に接近し、大統領としての地位を固めようとしたのである。そのため北京政府が主張する「一つの中国」を選択し、中華人民共和国が唯一の「中国を代表する国家」として国連加盟するに至る。

このとき、同盟国であった中華民国にも知らせず米中が接近したことを知った蔣介石はアメリカに裏切られたと激怒して、国連から脱退してしまう。日本にも知らせなかったのは、共和党の大統領としての地位を確保するためであり、野党の民主党に知られ、出し抜かれたくなかったからだと言われている。

蔣介石には、「分断国家」として、両方が国家として国連に残るという選択もあったはずだ。しかし自分の頭越しに米中接近が行われたことを知った日本は、あわててアメリカのあとを追い、アメリカに同調して北京政府が主張する「一つの中国」を選択した。日米にも裏切られてしまったことを知った蔣介石は、屈辱に耐えられず、国連を脱退した。

それ以降の日米はひたすら中国の発展に力を注ぎ、中国の今日の繁栄をもたらしている。中国の現在の覇権は、ある意味、日米が招いたものであり、言うならば自業自得だ。

そのきっかけを作ったニクソン元大統領は、民主党に米中接近の功績を持って行かれたくないと強く思うあまり、ニクソン政権の長期継続を図るために、民主党全国委員会本部への不法侵入や盗聴事件（ウォーターゲート事件）を起こして弾劾されそうになり、現職大統領として初めて辞任している。

つまりニクソンは、権勢欲のために北京と接近したことになる。

その結果、中国を経済大国にのし上げ、軍事大国にまでしてしまったのだ。中国は日米との間で勝ち取った「一つの中国」原則を、すべての国に要求したので、今ではこれが国際的な通念となっている。

キッシンジャーの外交戦略は当時の冷戦構造の基礎を成していた米ソ対立のなかに中国という第三の国家を入れることによって、新たな国際秩序を形成しようというものだったと高く評価されることが多い。しかし、その中国を大国にすることによって、彼が甘い汁を吸い始めたことは、誰も否定しないだろう。

中国大陸以外の中文ネットでは、キッシンジャーを「守銭奴」と称するものが多い。ともかく「金に汚い」、そして「大国に寄り添おうとする」という酷評が目立つ。

その一例として、重慶書記だった薄熙来《はくきらい》が、ひょっとしたら中国の次のリーダーになるのではないかとみなされていた時期の２０１１年6月29日に、キッシンジャーが重慶市を訪問したことが挙げられる。この日、薄熙来は10万人の参加者を集めて重慶で「中華紅歌会」という「紅い歌」を歌う大会を開催した。この大会にキッシンジャーは参加して薄熙来を絶賛するスピーチをしている。そのときの動画をユーチューブで観ることができるので、興味のある方は、ぜひとも「https://www.youtube.com/watch?v=3XJgT9c2L_I」をクリックしていただきたい。革命が起きるのかと言わんばかりの印象を与える10万人の熱気が伝わってくる。

この時すでに胡錦濤政権の中共中央では、薄熙来を危険視していた（詳細は『チャイナ・ジャッジ　毛沢東になれなかった男』）。だからこの日は中国共産党誕生90周年であったにも拘わらず、中共中央からは誰も参加していないのだが、中国の次のリーダーになるのなら「近づいておいた方がいい」と、キッシンジャーは計算したのだろう。中国を分かっているようで実は分かっていないことが、この行動によって判断できる。薄熙来に対する心理分析から言えば、中央から誰も来ない状況で「あのキッシンジャーは出席した」という権威づけを確保するためなら、億円単位の報酬は出しているにちがいない。キッシンジャーは後に「重慶モデルは危険だ」という趣旨の「秘密リポート」を書き、あたかも重慶モデルを考察するために行ったに過ぎないと弁明している情報がネット上にはあるが、そこにはまちがった重慶訪問日時が書いてあることなどから、信憑性《しんぴょうせい》は薄い。自己弁明に過ぎないという批判を増やしただけだ。

キッシンジャーは「大国」にすり寄って、何をしようとしているのだろうか。もし金儲けのためだとしたら、あまりに哀しいし、権勢欲とか名誉心だとすれば危険だ。なぜなら彼の行動一つによって米中関係が決まり、それによって日本の運命も方向づけられていく恐れがあるからだ。特にトランプ政権ではその危険性が高まる。

日本の一部の知識人には、キッシンジャーを「知の殿堂」として崇める傾向がある。だが真の思考を停止していなければ、彼の実像と真相は見えてくるはずだ。しかも彼の仮面の下には徹底した嫌日家の顔があることを忘れてはならない。彼なら平気で日本を裏切り、トランプに米中同盟を結ばせようとするくらいのことはやりかねないのである。日本がやるべきことはトランプを「キッシンジャーの悪夢」から目覚めさせることだ。トランプを説得するだけの自信と知性と、何よりも戦略を、日本政府は持たなければならない。

なお、米中国交正常化に当たり米中の間では、１９７２年２月の「米中共同コミュニケ」（上海コミュニケ）、１９７８年12月の「中華人民共和国とアメリカ合衆国の外交関係樹立に関する共同コミュニケ」および１９８２年８月17日の「中米共同コミュニケ」（八・一七コミュニケ）という、いわゆる「三つのコミュニケ」が交わされている。これらには「一つの中国」を原則とすることが書いており、その中の「八・一七コミュニケ」にはアメリカは「台湾への武器売却を長期的政策として実施するつもりはない」と書かれている。

しかしアメリカは中華民国との国交断絶と同時に「台湾関係法」（１９７９年）を制定して、事実上の米台軍事同盟を国内法で決めている。それまで存在していた米華相互防衛条約に代わるものだ。

トランプは選挙期間中も、また大統領当選後の政権移行期間中にも、何度も「台湾への武器売却を強化する」と言っていた。マティス国務長官も２０１７年6月3日に開催されたシャングリラ会談（シンガポール）におけるスピーチで、「台湾への武器売却を継続し、防御性武器装備を提供する」と述べている。ペンタゴンのこの方針が変わらないことによって、中国への傾倒を牽制している要素もあることは注目に値する。

第2章
米中蜜月「世紀の大芝居」か

1. シリア攻撃――ビッグ・ディール第二弾

「ちょっと説明したいことがあるのだが……。実はたった今、シリアに59発のミサイルを撃った」

トランプ大統領が習近平国家主席にそう告げたのは、アメリカ時間4月6日の夕方。フロリダにあるトランプの豪華別荘「マール・ア・ラーゴ」における晩餐会《ばんさんかい》のデザートで、「見たこともないほど、きれいなチョコレートケーキ」を食べているときだった。

習近平はこのとき、10秒間も沈黙したあと、通訳を通して「もう一度、説明してほしい」と聞き返したという。4月12日のFOXビジネスのインタビューで、トランプがその瞬間を振り返って説明した。

10秒間も沈黙するというのは、テレビやラジオだったら、「放送事故」に相当するくらいの長さだ。

習近平はなぜ、それほど長い時間、何も言えずにいたのか？

それは彼の隣に、王滬寧《おうこねい》がいなかったからである。

王滬寧は習近平のブレーン。江沢民、胡錦濤そして習近平と、三代にわたる中国のトップに仕えている中国最大の知恵袋だ（コラム参照）。習近平が海外出張する際には必ず彼が傍にいて、咄嗟《とっさ》の判断を習近平の耳元で囁《ささや》く。そのためにいつも習近平の隣に座って、対談に入ると少し椅子を後ろに引いて、習近平にのみ聞こえるように、顔が習近平の耳元近くになるような位置にいる。

晩餐会はトランプ夫妻が習近平夫妻を招待したもの。アメリカ側はトランプ夫妻と娘のイヴァンカ夫妻、そして中国側は通訳を除けば習近平夫妻だけだった。お付の者が周りにはいたが、少なくとも隣には王滬寧がいなかった。

日本人で王滬寧の名を知っている人はそう多くはないと思うが、アメリカの政界では知られている。たとえば2015年9月30日のニューヨーク・タイムズは、王滬寧を特集し、彼が習近平の最も重要なブレーンであると報じている。トランプはこの事実を知っていて、王滬寧が習近平の隣にいないチャンスを狙ったのだろう。

どう答えていいか分からなかった習近平は、シリアが化学兵器を使用することは良くないことで、子供たちがその犠牲になって苦しむ姿を例にとって、「懲罰を与えなければならない」とするトランプの説明に、「アメリカが武力攻撃したことを理解することができます」と回答してしまったのである。

それだけではない、「私に攻撃の事実を教えて下さり、説明をして下さったことに感謝します」とさえ言ったのだ。

習近平が提唱した「新型大国関係」

習近平一行は訪米に当たり、「トランプは次の瞬間に何をするか、何を言うか予測できない人物なので、ともかく〝笑顔でやり過ごそう〟」と言い合わせてあった。

というのは、この訪米が成功するか否かは、2017年秋に開催する第十九回党大会成功の可否に大きな影響を与えると考えていたからだ。

3月18日、米中首脳会談の下準備をするために北京を訪問していたティラーソン米国務長官は、19日に人民大会堂で習近平と会談し、次のように述べている。

――アメリカは喜んで、〝衝突せず、対抗せず、相互を尊重し、ともにウィン―ウィンの精神で対中関係を発展させたい〟と望んでいる。

これは２０１３年6月に習近平がアメリカのカリフォルニア州にあるアネンバーグ邸を訪れてオバマ（前）大統領と会談したときに言った言葉とまったく同じである。習近平はオバマに次のように語っている。

――中国は喜んで、〝衝突せず、対抗せず、相互を尊重し、ともにウィンーウィンの精神で対米関係を発展させたい〟と望んでいる。

つまり「アメリカ」を「中国」に、そして「対中」を「対米」に置き換えれば、これこそはまさに、中国が唱えた中米による「新型大国関係」（Ｇ２）を定義する際に用いた言葉なのだ。このフレーズの前には「太平洋はあまりに広い。中米二カ国が活動するには十分な広さだ」という趣旨のことを習近平は言っている。

しかしオバマは習近平が提唱した「新型大国関係」に関して、「聞いていないふり」をして無視した。にも拘わらず、ティラーソンは「新型大国関係」の定義のようなフレーズを、アメリカと中国を逆転させたような表現で、トランプの伝言として習近平に伝えたのだ。さらに「これからの未来50年間にわたる米中関係発展の方向性を確定するために、米中会談に期待している」という、トランプの言葉を伝達した。

キッシンジャーとクシュナーに対する中国側の裏工作があったとは言え、習近平の喜びようは尋常ではなかった。

だから3月31日、中国外交部のアメリカ大陸業務を主管する鄭澤光副部長が、習近平訪米に当たってのブリーフィングを、概ね以下のように行っている。

――これは米新政権誕生以来、初めての中米首脳会談である。両国首脳は中米関係と、両国が共通の関心を持つ重要な国際問題に関して意見を交換し、相互理解を深め、両国の協力をさらに推進し、今後一定期間（50年間）の発展の方向性を明示することになろう。

トランプ政権誕生後、中米は常に緊密な連携を保ってきた。両国首脳はこれまで二回電話会談をし、中米のそれぞれの核心問題に関して重要な共通認識を持つに至っている。

ちょうど半月ほど前に（アメリカの）ティラーソン国務長官が訪中し、「アメリカは喜んで、〝衝突せず、対抗せず、相互を尊重し、ともにウィン―ウィンの精神で対中関係を発展させたい〟と望んでいる」と明確に意思表示したばかりだ。米中関係に関して、中国はかねてより「米中の共同の利益は、相違点（不一致）よりもはるかに大きく、協力こそが唯一の正確な選択だ」と何度も強調してきた。

そそくさと宿泊先に引き揚げた習近平一行

ティラーソンの訪中は、米中首脳会談の下準備をすることが主たる目的であった。日本訪問では「北朝鮮に対するアメリカのこれまでの20年間の政策は間違っていた」と表明し、韓国訪問ではまず米軍基地を視察したティラーソンだったが、いざ北京入りすると北朝鮮問題に対する批判は影をひそめた。ひたすら「衝突せず、対抗せず、相互を尊重し、ともにウィン―ウィンの精神で対中関係を発展させたい」を繰り返し、「協力こそが米中の唯一の選択」と断言したのだ。

中国ではこれを「外交勝利」と位置付け、この言葉を以《も》って「新型大国関係」が「習近平・トランプ」政権下で、ようやく実現すると胸を張っていた。

にも拘わらず4月2日、トランプは「もし中国が協力しなければ、北朝鮮に対してアメリカ単独での行動もあり得る」と発言。重ねてヘイリー米国連大使が「北朝鮮は中国の言うことを聞くはずだ」と述べ、アメリカとして中国に北朝鮮への圧力を強化するよう要求することを明確にした。

中国としては北朝鮮の金正恩《キムジョンウン》委員長が中国の言うことを全く聞かず、核・ミサイル開発を続けていることに腸《はらわた》が煮えくり返る思いをしており、そのため習近平政権誕生以降、一度も中朝首脳会談を行っていない。それくらい仲が悪い。

それでも中国は、北朝鮮という「緩衝地帯《かんしょう》」を失うわけにはいかず、その激しいジレンマに追い込まれているのが実情だ。

したがってヘイリー国連大使の言葉は当たらないとみなしていたし、トランプの「何ならアメリカ単独で」という言葉も口先だけの脅しと受け止めていたので、中国政府としての見解は一切出していなかった。

「一つの中国」論にしても、あれだけ懐疑的発言をして中国を憤慨させたが、何のことはない、すぐに翻《ひるがえ》したではないか。どうせ、「アメリカ単独で」などと強がりを言っても、また適当な時期が来たら取り消すに決まっている。それにもし、「アメリカ単独で」というのがトランプの真意だとしたら、ティラーソンの発言は何だったのか。内閣は足並みが揃っているのだろうか。

まるで猫の目のように変わるトランプ発言に対しては、ともかく「笑ってかわそう」と中国は決めていたのである。

しかし、よもや、チョコレートケーキを食べながら、「シリアに59発、ミサイルを撃ったよ」と告げられるということまでは、さすがに想像していなかった。
米中首脳会談第一日目の晩餐会が終わると、習近平一行は、そそくさと宿泊先に引き揚げてしまった。
トランプはきっと、心ひそかに「うまくいったぞ！」と、ほくそ笑んだことだろう。彼にとっての「ビッグ・ディール第二弾の始まり」だった。

コラム――中国最強の知恵袋・王滬寧

習近平が最も頼りにする知恵袋は王滬寧だが、王滬寧は自分個人の生活に関しては公にするのを非常に嫌う。特に両親に関しては絶対に漏らさず、明らかにされていないことが多い。判明している範囲内で王滬寧に関するちょっとしたエピソードを紹介しよう。

王滬寧の出自……1955年10月6日、上海で生まれた。中学校に上がる頃には文化大革命（1966年～76年）が始まっていたので、学校は閉鎖されていた。毛沢東は知識人を反革命分子とみなして高校以上の教育機関をすべて閉鎖していた。そのためひたすら家にこもって読書に専念。もともと内気で体も弱かったので、若者が熱狂的に参加していた紅衛兵《こうえいへい》運動には参加していない。高校生以上だと紅衛兵になって走資派《そうしは》（資本主義に走る者）など反革命分子を批判罵倒《ばとう》する暴力的運動に参加するか、田舎や辺境地に下放《かほう》されたりするのだが、年齢的にまだ中学生の段階だったのと病弱だったことが幸いし、読書に専念することができたわけだ。本といっても豊富にあるわけではないので、ともかく何でもいいから文字化されているものを読み漁《あさ》った。このとき彼にとって最も大きな収穫となったのは「国家と民族はなぜこのようなことになるのか？」「どのような制度が国家を治めるのに理想的なのか？」などを考える機会を与えられたことで、これが後の哲学的あるいは政治的思考への傾向を生んだと、王滬寧は振り返っている。

学問への道……1974年、文化大革命も終息へ向かい始めたころ、「学徒工」を終えた王滬寧は「工農兵学員」として華東師範大学の西語系（外国語学部）に入学し、フランス語を専攻した。「学徒工」とは、中高生レベルの年齢層が工場などで働く工人のことで、「工農兵学員」とは、知識人迫害の下で、「工人、農民、兵隊（若手の人民解放軍）」のみを入学させたときの学生のこと。「学生」は知識人を暗示するので「学員」と称した。このとき19歳。西語系は本来なら外交官候補生への養成コースだったが、78年から改革開放が始まり、高等教育機関の入学が再開されると、上海市にある復旦《ふくたん》大学の大学院に正式に入学し、国際政治を勉学。指導教官は『資本論』研究で有名な陳其人《ちんきじん》教授（1924年生まれ、現在93歳）だった。陳其人教授によれば、王滬寧の書く文章や哲学的思考には目を見張るものがあり、最も傑出した学生として記憶に残っているとのこと。

84年に中国共産党に入党。修士学位取得後は同じ大学に残って政治学を教え、『比較政治分析』などの本を出版。天安門事件が起きる前の1988年には教授に昇進してアメリカに訪問学者として滞在し、帰国後もすぐに本を出版。「政治学辞典」というニックネームがつくようになった。

結婚生活の失敗……まだ修士課程にいたころ、王滬寧を好きになった女性がいた。改革開放が始まったばかりで、誰もが貧乏。修士学位を取って研究室をもらえたが、そこは書物で埋まっており、宿舎も本で溢れていた。結婚生活を始めるに当たって、彼女は王滬寧にお金を渡して、少しばかりの日用品と花束を一つ買ってきてくれと頼んだ。石鹸《せっけん》など、日用品を書いたメモとお金を持って出た王滬寧は夜になってもなかなか戻らない。ようやく戻った彼は、抱えきれないほどの本を両手に抱えていた。もちろん日用品も花束も買ってない。花束を置くために乱雑に散らかる本をどけて場所を用意して待っていた彼女は、結局、離婚してしまった。

頭角を現したきっかけ……王滬寧には出世欲はまったくない。当時、金儲けをしてはいけないはずの中国共産党が「金儲けをせよ」という改革開放に突入するに当たり、いかにして共産主義統治の正当性を貫いていくかに関する論理的根拠が求められていた。そのような中、１９８４年から上海市で中国共産党委員会の仕事をし、86年から89年までは上海市共産党委員会の副書記をしていた曽慶紅《そうけいこう》が、早くから王滬寧の理論に目をつけていた。ある春節の日に、曽慶紅は復旦大学の茶話会に出席して王滬寧と政治の民主化（といっても、文化大革命的毛沢東理論からの脱皮＝共産主義体制下における資本主義的要素との整合性）に関する議論をする機会に恵まれた。王滬寧が曽慶紅に会う機会に恵まれたというべきかもしれないが、このとき二人の議論は白熱し、どちらが肩書的に上で、どちらが下かの区別がなくなるほど、留まるところを知らなかったという。出世のために、そういった配慮をしないところが王滬寧流なのだ。それがかえって幸いした。

曽慶紅の上司は江沢民。このとき江沢民は上海市の書記だった。１９８９年６月４日の天安門事件で、突然（といっても、薄熙来《はくきらい》の父親、薄一波《はくいっぱ》の推薦で）鄧小平《とうしょうへい》に呼ばれて北京に行き、中共中央総書記になると、曽慶紅も江沢民とともに北京入り。江沢民のあとに上海市の書記になった呉邦国《ごほうこく》（当時、上海市副書記）が、やはり王滬寧と頻繁に接触を持ち、王滬寧はやがて北京に呼ばれて中共中央政策研究室政治組組長に任命されるのである。

江沢民は早くから王滬寧の名前を曽慶紅や呉邦国から聞いていて、王滬寧の書いた本や論文も熱心に読んで勉強していた。ようやく北京で王滬寧に会った江沢民は、「やっと来たね！　もしいつまでも北京に来ないようだったら、私はこの二人と喧嘩しているところだった」と言ったという話は有名だ。二人とは、曽慶紅と呉邦国のことである。

三紅朝帝師（三代の紅い朝廷に仕えた参謀）……こうして王滬寧はまず江沢民のブレーンとなって「三つの代表」という言葉と概念を江沢民のために考え出した。これがやがて党規約に記される国家スローガンとなった。次の胡錦濤政権（総書記の期間：2002年〜2012年。国家主席の期間：2003年〜2013年）でも、同じように胡錦濤に仕え、胡錦濤政権のために「科学的発展観」という国家スローガンを考え付いて、これも党規約に明記された。2012年11月15日に習近平が総書記になると、王滬寧は今度は習近平のブレーンとなる。そこで考えたのが「中華民族の偉大なる復興」と「中国の夢」という国家スローガンだ。王滬寧に出世欲がなく、誰とも徒党を組まず、派閥などとはおよそ掛け離れたところで、ともかく政治的哲学的思考を楽しんでいるので、中国史上まれな、「三紅朝帝師」と相成ったのである。三代の内、最も王滬寧と離れられないのは、習近平だと言っていいだろう。

2. 帰国してから米中首脳電話会談

宿泊先に戻った習近平は、慌てて王滬寧に相談したことだろう。彼らの論議は、概ね以下のようなものだったと考えられる。

●電撃的なシリア攻撃は、トランプの「何なら北朝鮮に対してアメリカ単独で行動してもいい」という言葉が、脅しではなく「本当に実行されるかもしれない」という現実味を帯びてきた。

●ということは、シリア攻撃は「北朝鮮攻撃」の予行練習のようなもので、それを肯定したのは、まずかったのではないか。

●シリアの後ろ盾としてロシアがいる。シリア攻撃を肯定したということは、ロシアに反対したことになり、中ロ関係にヒビが入るのはまずい。

●取り敢えずここは、やはり笑顔でスルーしてしまおう。そして共同記者会見もしなければ、共同声明も出さないことにする。それ以外のことは、帰国してから戦略を練ろう。

こうして米中首脳会談の二日目である4月7日、米中代表がそれぞれ細長いテーブルを挟んで向い合わせにずらりと並んだとき、王滬寧は習近平の耳元辺りに顔がある形で、ピタリと習近平のそばを離れず、会談を終えた。

会談で、トランプの北朝鮮への制裁強化に対しては、習近平は黙っていたものの、武力攻撃に関しては「米朝の対話以外にない」という持論を譲らなかった。

中国は北朝鮮の挑発が、「アメリカを振り向かせるための駄々っ子の喚《わめ》き」であることを知っている。米大統領の選挙期間中、トランプが「金正恩とハンバーガーを食べながらお喋りをしてもいい」と言ったため、彼が大統領に当選した日（2016年11月8日）から日米首脳会談が行われた2017年2月12日まで北朝鮮は一発たりともミサイルを発射していない。米朝首脳会談があるかもしれないと金正恩が期待したからだと、中国は分析している。だから、「あくまでも対話を」という線を譲らなかったのだ。

習近平「ピンチをチャンスに切り替える戦略」に出る

経済貿易問題に関しては「100日計画」を策定することで合意した。もっとも中国ではもっぱら「中国がアメリカに〝一帯一路〟（陸と海の新シルクロード構想）に加盟するよう促した」「トランプ大統領の年内訪中を取りつけた」とした上で、「外交安全対話、経済問題に関する対話、ネット・セキュリティに関する対話、社会・人文交流に関する対話」など、４つの対話メカニズムの構築や米中両軍の協力増強を約束したことを強調している。

そして打ち合わせ通り、共同記者会見は省略することにし、共同声明も出さなかった。にも拘わらず、ティラーソン国務長官が記者会見をして次のように発表してしまったのである。

――トランプ大統領が習近平国家主席にシリアの詳細な情勢を説明し、習国家主席はシリア攻撃に理解を示した。習国家主席は子供たちが殺されたときには、こうした反撃の必要性があると理解を示した。

これではまるで、「中国はシリア攻撃を容認した」ことになってしまう。晩餐会における「耳打ちと咄嗟の反応」を公開したのも、外交儀礼に反するだろう。

それだけではなかった。

習近平一行が帰国した後の４月９日、ティラーソンは「シリアへの攻撃には北朝鮮への警告があった」と明言したのである。複数のメディアの取材に対して、米中首脳会談にも触れながら、概ね以下のように答えている。
●脅威のレベルが行動を取らざるを得ない状況にあることを、習近平国家主席も明確に理解したはずだ。
●（北朝鮮などが）シリア攻撃から受け取るべきメッセージは、（もし、その国の行為が）他国への脅威となるなら、アメリカは対抗措置を取る可能性があるということだ。
●いかなる国も、国際規範や国際合意に違反し、他国の脅威になれば対抗措置を取る。
●われわれの目的は朝鮮半島の非核化だ。
ピンチに追い込まれた習近平は王滬寧のアドバイスを受け、「ピンチをチャンスに切り替える戦略」に出る。

「シリア攻撃を容認したからには、徹底的にアメリカ側に付くしかない。それを逆利用して北朝鮮を恐怖に追い込んで平和解決へと持ち込み、かつ米中の〝新型大国関係〟も築く」

それが王滬寧の出した結論だったにちがいない。

4月12日、習近平はトランプと電話会談を行った。

中文メディアはその会談内容を以下のように伝えている。

習近平　フロリダにおける会談は非常に大きな成果があった。われわれは会談を通して重要な共通認識に至り、非常に良好な関係を構築することができた。今後、両国は「外交安全対話、経済問題に関する全面的な対話、ネット・セキュリティに関する対話、および社会と人文交流に関する対話」という４つの対話メカニズムを通して、１００日計画や米中両軍における協力を増強し、緊密な連携を保って世界平和のために貢献したい。大統領が一日も早く訪中して下さることを期待している。

トランプ　フロリダにおけるこの度の会談は非常に成功だったと思う。両国が緊密な連携を維持することは非常に重要だ。米中両国が広範囲な実務的領域で協力することに私も賛成だ。中国訪問を楽しみにしている。

習近平　中国は朝鮮半島の非核化を実現する目標を堅持し、朝鮮半島の平和的な安定を守り、平和的な方法で問題を解決することを強く望んでいる。そのためにアメリカと朝鮮半島問題に関して、常に密接な連携と協調を保っていたい。シリア問題に関しては、いかなる国であれ化学兵器を使用することは受け入れられないが、しかし政治的解決の方向を堅持しなければならない。国連の安保理でシリア問題を解決することが重要で、安保理が声明を出すことを望んでいる。

最初の二つは儀礼的挨拶に留まっているが、三つ目の習近平の言葉は、中国の決意を表明したメッセージになっている。ひとことで言うなら、「武力行使には反対」ということだ。しかし、その後のトランプの反応を見ると、ここで交わされたのは、「世界地図を塗り替えるトランプ・習近平による大芝居」であることが徐々に分かってくる。

もっとも、その一方で中国メディアは、トランプの突然のシリア攻撃は、アメリカの軍事産業、すなわち「軍産複合体（軍需産業を中心とした私企業と軍隊、および政府機関が形成する政治的・経済的・軍事的な勢力の連合体）」からの圧力によるものだと、そっと解説している。古いミサイルを59発も一気に使って、新しい武器を製造するための企業利益をもくろんだものだと、声高《こわだか》にではなく、学者などに解説させている。また北朝鮮問題が解決すると軍事産業が困るので、アメリカは平和を望んでいないといった声も中国にはある。

3. 米中蜜月を演じて北朝鮮を追い詰める

筆者が「トランプ・習近平による世紀の大芝居」と見る理由は、トランプの発言と中国の対応にある。

まず4月12日に電話会談した同じ日に、トランプは米紙ウォールストリート・ジャーナルの取材を受けて、「米財務省が近く公表する為替《かわせ》報告書で、中国を為替操作国に認定しないだろう」と回答している。中国政府の通信社「新華社」の電子版「新華網」や中央テレビ局CCTVなどが大きく伝えた。

トランプは大統領選中から、中国はアメリカ市場での輸出競争力を高めるために人民元の対ドルレートを低く操作していると断言し、大統領就任初日には、中国を為替操作国に断固認定すると公約していた。

それが一転したのには、トランプが、「私に対する信頼が高すぎるためドルが強すぎる」としてドルに対する姿勢を軟化させたことも背景にはあろうが、別の深い理由があった。

なぜなら、ウォールストリート・ジャーナルの取材に対して、トランプは7日の米中首脳会談で習近平に、概ね以下のような話をしたことを明かしているからだ。

――私（トランプ）は現在のような対中貿易赤字が続くことを望んでいない。もし、あなた（習近平）も貿易でビッグ・ディール（大口取引）を望んでいるなら、北朝鮮問題を解決することだ。北朝鮮問題を解決してくれさえすれば、私は貿易赤字を甘受することができる。

そして「なぜ中国を為替操作指定国とするとした公約を撤回したのか」というウォールストリート・ジャーナルの記者の質問には、

――もし今、中国を為替操作国に指定すれば、北朝鮮の脅威に関する（米中間の）対話が危うくなる。今は北朝鮮問題への協力に集中する方が、為替操作国に関する公約を守るよりも、ずっと重要だからだ。

こんなことまで明かしてしまっていいのだろうかと思うほど、舞台裏をペラペラと話してしまった。

それだけではない。トランプは「習近平は実にいい奴だ。彼とは気が合う（chemical という言葉を何度も使ったが、これは chemical reaction =化学反応がいいということから来ている）。（北朝鮮問題に関しては）彼なら必ずうまくやってくれると信じる」という趣旨のことまで言って、習近平を褒めそやしている。

さらに12日の電話会談の内容に関しても、トランプが習近平に、

——あなたは北朝鮮に核や核兵器を持たせてはならない。空母カール・ビンソンが朝鮮半島近海に移動したのは、北朝鮮のさらなる行動を阻止するためだ。あなたが金正恩に「アメリカは空母だけでなく、原子力潜水艦も持っている」ということを知らせるように。

という趣旨の話をしたことまで、「暴露」してしまっているのである。

中国が北朝鮮の核・ミサイル開発非難報道

一方、中国側の動きを見れば、12日の電話会談と同時に、「環球時報」が「北朝鮮は自国の安全保障のため、核・ミサイル開発を中止すべきだ」という社説を載せた。

中国は首脳会談前の２０１７年2月18日、すでに「北朝鮮からの石炭輸入を全面的に停止する」と発表している。輸入禁止措置は2月19日から２０１７年いっぱいとなる。

首脳会談後の４月14日にはさらに石油の輸出も減らす意向を示し、４月14日には、中国

国際航空が北京発平壌《ピョンヤン》行きの運航を一時停止すると決定したのである。北朝鮮の観光収入にも制裁を加えた形だ。

それに対して北朝鮮の外務次官は14日、海外メディアの取材を受けて、「最高指導部が決心した時に核実験を行う」などの強硬的な発言をしている。

しかし一方では、4月11日に平壌で開催された北朝鮮の最高人民会議では、19年ぶりに外交委員会を復活させている。これはほかでもない、対話の準備を意味する。

トランプによる習近平「褒め殺し」作戦

以上のことから、二つのことが推測される。

一つは、12日の習近平・トランプ電話会談において、両者がある約束を交わした可能性だ。

すなわち、中国が北朝鮮に米中の親密さを見せつけ、「もし北朝鮮が核・ミサイルで暴走し、アメリカが北朝鮮を武力攻撃したときには、中国はアメリカ側に付く可能性さえある」と北朝鮮を脅すと、トランプに約束したのではないか、ということである。

北朝鮮に対して、中国がそのような行動をとる可能性が現実味を帯びるように、習近平はトランプに「私（習近平）と、いかに親密であるかを発信してほしい」と頼んだ。だからトランプは、あれほどまでに習近平を褒めちぎった。こうすれば北朝鮮への脅しの現実性が増す。結果、中国としては世界に米中蜜月をアピールすることができ、「一粒で二度おいしい」。

この前提が維持されていれば、朝鮮半島海域における米軍の軍事配置が緊迫度を増せば増すほど、中国には有利に働く。

米中首脳会談前までは、中国は盛んに「双暫停（双方が暫定的に停止する）」という言葉を使い、「米韓合同軍事演習」と「北朝鮮の核・ミサイル開発」の両方を、同時に暫定的に停止して、話し合いのテーブルに着くべきだと主張していた。

しかしアメリカは原子力空母カール・ビンソンを中心とする艦隊まで繰り出すという、史上最大規模の米韓合同軍事演習によって北朝鮮を威嚇《いかく》した。

北朝鮮が経済制裁では萎縮しないことを中国は知っている。北朝鮮は160カ国以上と国交を持っているのだから抜け道がある（中朝貿易のカラクリについては次章で詳述する）。たとえば、暴力団などの闇組織が関係している、いわゆる「フロント企業」を利用した不正取引や、他国の金融機関を標的にしたサイバー攻撃を通して資金を騙し取る方法など、資金入手ルートはいくらでもある。だから中国にとって北朝鮮に対する最も有効なカードは「アメリカ側に付くぞ！」という脅しだ。

もう一つの可能性はもっと単純で、トランプによる習近平に対する「褒め殺し」だろう。トランプが本心から習近平を気に入ったのか、あるいは戦略なのかは分からない。いずれにしても、トランプはさまざまな機会を通して「習近平国家主席は実に尊敬に値する。彼ならきっと、北朝鮮問題を解決してくれるだろう」というメッセージを発し続けてきた。

これは習近平にとっては大変なプレッシャーであるとともに、やはり絶好のチャンスでもある。

というのは北朝鮮に対して、「これこの通り、トランプから追い詰められているので、やむなく北朝鮮に対して厳しい措置を取るしかない」と弁明することもできるからだ。

いずれにしても、米中蜜月を演じて北朝鮮に圧力をかけ、譲歩を引き出そうとする中国の方針に変わりはない。米中は北朝鮮の核・ミサイル開発反対という点においては完全に一致している。その方法が違っていただけなのだが、今や両者がその方法さえ共有しながら連係プレーを展開しているように、そのとき金正恩には見えただろう。

4. 中国は中朝軍事同盟を破棄できるか？

その証拠をいくつかお見せすることにしよう。

４月22日、「環球時報」は、「ワシントンは北京に過分な期待をかけるが」という社説で、中国が軍事介入をするケースを解説している。「環球時報」には習近平の意思がストレートに反映されていると見ていいので、詳細に考察する。

社説の冒頭では、概ね以下のように書かれている。

——トランプ大統領はツイッターで「中国は北朝鮮の経済的生命線だ。もし中国が朝鮮問題を解決しようと思えば、容易にできるはずだ」と書いている。トランプ大統領は彼独特のやり方で、北京に圧力を掛けている。ワシントンは北京が「手伝ってくれること」を鼓舞し、同時に北京が「十分には手伝えない時には」、ワシントンには別の選択があると言っている。北京は非常に困難な局面に追い込まれている。平壌（北朝鮮）を説得しても言うことを聞かない。米韓双方に「双暫停」（北は核・ミサイル開発を暫時停止し、米韓は合同軍事演習を暫時《ざんじ》停止する）要求を出しても、ワシントンもソウルも全く聞かない。トランプ大統領が言うところの「中国が北朝鮮問題を解決してくれるだろう」という言葉と中国が希望する解決方法の間には、あまりに大きな違いがあるのだ。

社説は続く。

――北朝鮮の核施設は中国のすぐ近くにある。放射能汚染を受ける可能性が非常に高い。それが防げない状況が来たら、中国は遠慮しない。中国は国連安保理の決定に従い、さらなる厳しい経済制裁を北朝鮮に加えていくことになるだろう。北朝鮮への石油の供給を大幅に減少させるというのは、その対応の一つだ。完全に石油を断つことは北朝鮮に人道主義的な災難をもたらすので、その最低ラインは守らざるを得ないが、石油を断つ程度がどこまでかは、国連安保理が決める。工業システムも打撃を受けるだろうが、平壌の自業自得だ。ただし、ここまでの厳格な制裁をしても北朝鮮の核保有を止めることができないとすれば、その遠因は米韓にあることを、米韓は反省すべきだ。もしワシントンが反省を拒絶し、北朝鮮に武力行使をするならば、朝鮮半島は戦争という新しい段階に突き進むだろう。

中国は何としても、戦争には反対する。

中国、米軍の北朝鮮武力攻撃黙認か

誰もが最も気になるのは、中国の軍事介入だろう。「環球時報」は、その問題に堂々と踏み込んで書いている。社説のその部分を見てみよう。

——戦争が起こることには反対するが、しかし万一戦争が始まった時には、中国はどのような立場を取るかに関して、米朝に通告する。もし北朝鮮が核・ミサイルの活動を展開し続け、アメリカがそれらの施設に外科手術的（＝武力的）攻撃をしたならば、中国は（戦争行為をしたことに対して）外交的抗議を表明するだろうが、軍事的介入はしない。ワシントンは北朝鮮が（韓国の）ソウル地区に報復的攻撃をするであろうリスクを十分に考えなければならない。これらのリスクは米韓にとって耐え難いほど重いものとなるだろう。

この部分を読み解くと、以下のことが見えてくる。

もし４月６日、７日の米中首脳会談とその後の一連の両首脳による電話会談がなかったら、これまでの中国なら、アメリカが北朝鮮に弾丸の一発でも打ち込めば、必ず激しい抗議をして、何らかの軍事的報復措置を取っただろう。そのときには次章で詳述する中朝同盟（中朝友好協力相互援助条約＝軍事同盟）があることを理由として、部分的攻撃であったとしても北朝鮮側に立ち、何らかの軍事介入をしていたはずだ。

それが今、核・ミサイル施設に対するピンポイント攻撃であれば、中国は「軍事的介入をしない」と宣言できるのは、米中首脳会談により「米中蜜月」状態が形成されたからである。トランプによるシリア攻撃があり、それを「容認した」習近平をトランプが「気に入った」という、両者の関係性の「劇的変化」がもたらしたものと言っていいだろう。

中国も北朝鮮の核・ミサイル開発には徹底して反対している。なぜなら、自国の隣に軍事的に強大で協調しない国があるのは安全保障上、困るということと、万一にも北朝鮮が核保有国になれば、必ず韓国も同様のことを望む。そうなると日本もまた核保有国になろうとすることは必至だ。それだけは避けたい。また北朝鮮の核施設が中朝国境近くにあるので、核実験などによる中国東北部の放射能汚染も避けたいと、中国は思っている。

だから、アメリカがその施設のみをピンポイント的に破壊するのなら、武力行使には反対だが、中国は黙認するということである。

最も厳しい最終段階を社説は次のように明確に述べている。問題は、最後のこの部分だ。

――ひとたび米韓軍が38度線を越えて北朝鮮への地上の侵略を行い、直接北朝鮮政権を転覆させたならば、中国は直ちに必要な軍事介入をする。われわれは絶対に武力的手段を通して北朝鮮政権を転覆し朝鮮半島を統一するような事態は許さない。

この点に関しては、北京はワシントンとソウルに明確に言っておく。

どんなに米中蜜月を演じても、中国には絶対に譲れない一線がある。

朝鮮半島を米韓が統一して「民主主義政権」をアメリカ主導で形成することだけは、絶対に認めない。陸続きに米軍が駐留するなどということは、米中蜜月といえども、承認できないのである。

米中蜜月を演じたのは、「北朝鮮に対して示した威嚇」だったが、この最後の「米韓が38度線を越えたら中国が軍事介入する」という宣言は、「アメリカに対する警告」だ。米中が協力して北朝鮮を攻撃し、米中による北朝鮮管轄という選択もゼロではないだろうと考えてしまうが、これを見る限り、その可能性は低い。

中国が中朝軍事同盟破棄に言及

これに対して、5月3日、朝鮮中央通信（朝中社）が中国を名指しで批判した。

北朝鮮が米中首脳会談後に中国を批判するのは、これで3回目。しかし、名指し批判をしたのは初めてのことだ。

「環球時報」の論評から、まず朝中社が中国に対して、どのような批判をしたかを見てみよう。なお、北朝鮮は自国のことを「朝鮮」と称し、韓国のことを「南朝鮮」と称するので、適宜、括弧で示す。

1・朝中社が載せた批判論評のタイトルは「朝中関係を破壊するような妄動《もうどう》を続けるな」。

2・（北）朝鮮（以下、北朝鮮と表記）の核・ミサイル開発に関して、中国がアメリカと歩調を合わせることは許しがたい。

3・環球時報は北朝鮮の核・ミサイル開発に関して批判したが、これは長年培《つちか》ってきた朝中関係を破壊するもので、断じて許せない。

4・環球時報は中国の東北三省が北朝鮮の核実験によって汚染されると批判しているが、これには科学的根拠がない。なぜなら、過去5回にわたる核実験において、朝鮮の近隣住民には、いかなる影響も出ていないからだ。アメリカが最先端の探測機で調べても、放射能汚染のデータは出て来なかった。

5・中国は南朝鮮（韓国）と（1992年に）国交を樹立したが、これは東北三省を含め、朝中の国境沿い一帯と韓国の連携により、対北朝鮮包囲網を完成したに等しい。

6・その証拠に、中国は抗日戦争勝利70周年記念日の軍事パレード（２０１５年）に南朝鮮の朴槿恵《パククネ》を招聘《しょうへい》したではないか。

7・過去70年間の反米闘争の第一線において、中国内陸の平和安全を保ってきてあげたのはわれわれ北朝鮮である。中国は素直に北朝鮮の貢献を認め感謝すべきだ。

8・われわれはアメリカの侵略と脅威から祖国と人民を死守するために核を保有した。その自衛的使命は今後も変わらない。

9・朝中友好がいくら大切でも、生命と同然であるような核と引き換えにしてまで、哀願するわれわれではない。

10・中国は無謀な妄動がもたらす重大な結果について熟考すべきだ。

これら朝中社の中国名指し批判に対して、「環球時報」は以下のような論評を書いている。

(1)朝中社の中国非難は、「中国」「人民日報」「環球時報」という名指しをしたということ以外に、何ら新しい情報を含んではいない。中国が国連安保理の決議に沿って対朝制裁を行っていることに、一言も触れていない。それに対して、北朝鮮が次にどのような行動に出るかに関しても書いていない。ただ単に激情型論評に過ぎない。

(2)平壌は核問題に関して非理性的な思考に陥《おちい》ってしまっているので、中国はこういった論調に対して、舌戦を繰り広げるつもりは全くない。

(3)中国側は政府および民間人を含めたわれわれの立場を表明すれば、それだけでいい。それは平壌に「中国が重視しているのは何か、レッド・ラインはどこにあるか」、そして「もしも北朝鮮が新しい核実験をしたならば、前代未聞の厳しい制裁を北朝鮮に対して断行する」ということを知らせることである。

(4)中朝の不一致（隔たり）は公開論戦によっては、いかなる解決を見出《みいだ》すこともできない。朝中社の論評から見出せるのは、「平壌は中国の大局的な外交路線における〝国家の利益〟が何であるかを理解していないということ」と「東北三省における（北が核実験をした時の）放射能汚染のリスクに関心を持ってない」ということだけである。

(5)朝中社はおそらく、完全に閉鎖された環境下での北朝鮮の実感を表したものだろう。

(6)中朝はハイレベルの対話を通して意思疎通を行う必要があるものと考える。核兵器を「北朝鮮の生命」とする過激主義から解放しなければならない。

(7)平壌が中国にどのような罵詈雑言《ばりぞうごん》をぶつけるかは重要ではない。肝心なのは、北朝鮮が次にどう出るかということだ。北朝鮮はまだ第6回の核実験を行っていない。4月に行ったミサイル試射も抑制的だった。

(8)中国はアメリカが朝鮮半島問題に関して対話に応じるための条件を創り出すという貢献をしたいと思っている。

(9)中朝関係を決めるカギは北京の手の中にある。朝中社が名指しで批判しようと中朝関係に潜むロジックと中国の態度には、いささかの変化もない。ただ中国は、朝中社の論評の中から、北朝鮮の思考方法をより鮮明に掌握することができたし、核問題の解決は容易ではないことを、さらに深く理解することには役立った。(ここまで引用)

以上、中朝双方の言い分を公平にまとめてみた。

ここから、4月6日、7日の米中首脳会談以降の劇的な米中関係の変化が、北朝鮮に相当なプレッシャーを与えていることが読み取れる。

「環球時報」は同日、「中朝軍事同盟を維持すべきか否か」という論評を、論説委員（ペンネーム：単仁平《たんにんへい》。実名：胡錫進《こしゃくしん》）の署名入りで書いている。

これに関しては「朝鮮戦争」「休戦協定」および通称「中朝軍事同盟」とは何かを詳細に理解しなければ、十分な考察ができないので、次章で関係する歴史的経過を踏まえながら、それが現在の北朝鮮問題とどのようにつながっているのかを分析したい。

第3章

北朝鮮問題と中朝関係の真相

1. 朝鮮戦争はなぜ始まったのか？

北朝鮮問題の解決策をどんなに考えても、そもそも朝鮮戦争がなぜ起きたのか、そしてその休戦協定とは何だったのかを正確に知らなければ、現在の北朝鮮問題の本質が理解できないので、少しだけ事の発端を繙《ひもと》きたい。さらに「血の同盟」と言われている中朝関係は本当に友好関係で結ばれてきたのか、中国は本当に「北朝鮮の後ろ盾なのか」など、中朝関係の真相を直視しない限り、解を得ることができないため、本章ではその「解」を求める範囲内で考察を試みる。

朝鮮戦争は1950年6月25日に北朝鮮の最高指導者だった金日成《キムイルソン》（金正恩《キムジョンウン》の祖父）が起こした戦争だ。朝鮮半島を南北に隔《へだ》てる38度線を越えて、韓国（南朝鮮）を共産主義圏にしてしまい、南北朝鮮を統一しようとしたのである。

この38度線がなぜ生まれたのかというと、第二次世界大戦が終盤に近づいた1945年

2月に、旧ソ連のクリミアにあるヤルタで開催された「ヤルタ会談」に遡《さかのぼ》る。

その前提として、1943年11月22日～27日にエジプトのカイロで開かれた「カイロ会談」に言及しなければならない。

カイロ会談に出席したのは「アメリカのフランクリン・ルーズヴェルト大統領、イギリスのチャーチル首相、中華民国の蔣介石主席」の3人だ。カイロ会談の主たる議題が対日戦争への措置だったので、当時日本との間に「日ソ中立条約（1941年4月締結。有効期限5年）」があることから、ソ連のスターリンは参加していない。

もっとも、これはスターリン側の表面上の口実であって、実際はスターリンが蔣介石を欺《あざむ》いて中国、朝鮮、日本などを含む戦後の領土分捕《ぶんど》り合戦を企んでいたからだと蔣介石はみなしている。そのことはスタンフォード大学フーバー研究所にある毛筆の『蔣介石日記』にも恨みを込めて克明に書いてある。

その証拠に、1943年11月28日～12月1日には、スターリンを加え、蔣介石を除いた「テヘラン会談」が開催され、そこでは連合国軍の西ヨーロッパでの反撃開始が約束されると同時に、スターリンは「対日参戦」を約束したのである。そしてこの「対日参戦」に関しては、ソ連が日ソ中立条約を破るまで、蔣介石には内密にしたままだった。

ソ連が日ソ中立条約を締結したのは、日本軍が中国大陸において「北進」をしないことを狙ったからである。拙著『毛沢東　日本軍と共謀した男』に詳述したが、スターリンはコミンテルンのスパイをアメリカにも日本にも送り込み両国の国家中枢を洗脳していた。日本では近衛文麿《このえふみまろ》内閣の時にコミンテルンのスパイ、ゾルゲと親密であった尾崎秀実《ほつみ》が、同じくコミンテルンのスパイとして近衛内閣に潜り込み、近衛政権のブレーンに成りすまして、日本に「南進」を選ばせている。

日本が中国大陸の「北」に戦線を拡張するのか「南」に拡張するのかという選択は、「北進か南進か」という形で関係国が固唾《かたず》を呑んで見守っていた分岐点だったが、近衛文麿は「南進」を選んでしまうのである。

この瞬間、日本は敗戦の道に向かって進み始めたと言っても過言ではない。

日本はスターリンの陰謀に、まんまと嵌ってしまったのだ。日ソ中立条約は第二次近衛内閣の松岡洋右《ようすけ》外務大臣が積極的に進めたとされているが、松岡と尾崎は非常に親しい仲で、松岡の背後にはいつも尾崎がいた（詳細は尾崎の獄中日記を記した宮下博著『特高の回想』）。

スターリンはともかく日本軍がソ連に攻めてくるのを恐れていた。ドイツとも戦わなければならなかったので、兵力を日本との戦いに費やしたくなかったし、日露戦争以降、日本軍の強さに脅威を抱いていたので、蔣介石と戦っていてほしいと思っていたのだ。

一方、ルーズヴェルトもまた、日本軍の強さを恐れており、一刻も早くソ連に対日参戦するよう求めている。日本軍がパールハーバー（真珠湾）を奇襲したときの大統領であったことが影響しているのだろうが、日本に対して本土上陸作戦を画策していたので、満州国にいた日本の関東軍が日本本土に戻ってきてアメリカ軍と戦おうとするのではないかということもルーズヴェルトは懸念していた。

そのため、後述する「ヤルタ密談」では、ソ連の対日参戦を望むあまり、スターリンに戦後の「領土分割」に関して、多くの譲歩をしている。日本が北方四島をソ連に奪われる結果を招いたのも、これが原因だった。

38度線――トルーマンの即断即決

38度線に注目すると、カイロ会談で蔣介石は「朝鮮を独立させること」を一貫して強く主張している。朝鮮半島である「朝鮮」は朝鮮民族によって統治されるべきで、他のいかなる国家によっても支配されるべきではないというのが蔣介石の強い主張だった。このことは『蔣介石日記』のカイロ会談前後に詳述してあるし、特にカイロ会談後の1943年11月28日の日記には「朝鮮の戦後独立も承認してもらった。これ以上の大業があるだろうか」と感慨深く書いている。また筆者が台北の国家図書館で見つけた『開羅《カイロ》會議』にも、蔣介石の主張が詳述してある。

ところが1945年2月の「ヤルタ会談」は蔣介石を除いた「ルーズヴェルト、チャーチル、スターリン」の米英ソ三カ国によって開かれ、そこでは戦後体制の「国盗り合戦」が米ソの「ヤルタ密談」として交わされている。

ヤルタ密談では、ソ連はドイツが降伏した3カ月後に対日宣戦布告するとなっており、ドイツが1945年5月8日（日本時間7日午前2時）に降伏すると、ソ連は同年8月9日（8日夜半）に日本に宣戦布告し、「満州国」（中国の東北部）と朝鮮半島に侵攻を始めた。

筆者が住んでいた中国吉林省長春市（満州国新京市）には8月12日頃に、朝鮮半島には8月13日頃に侵攻している。ソ連軍が朝鮮半島の北半分まで進んだ辺りで、アメリカがあわててストップをかけた。

というのは、ソ連に対日参戦してくれと懇願し、その代わりに戦利品に関しては徹底して譲歩したルーズヴェルトは、ヤルタ会談から2カ月後の4月12日に、突然脳卒中を起こして他界。それを受けて、当時副大統領だったトルーマンが大統領に就任したが、彼は強烈な反共主義者で、ソ連の対日参戦には反対だったからだ。

ルーズヴェルトの身辺は、ソ連から派遣されたコミンテルンのスパイで囲まれていた（『The Secret World of American Communism』1995、Yale University）。ルーズヴェルトは大の中国びいきではあったが、彼にとっての中国は、やがて中国共産党によって樹立されるであろう「毛沢東の中国」だった。

ところがトルーマンにとっては、1945年7月16日にアメリカは原子爆弾の実験に成功してもいたから、ソ連の対日参戦などすでに無用となっていた。むしろソ連の対日参戦は百害あって一利なし。

このままでは戦後体制において共産主義が世界を支配してしまうと懸念したトルーマン政権は、せめて朝鮮半島全体をソ連が占領するのを食い止めるため、急遽、半島の「北緯38度」地点に線を引いて、そこから北にいる日本軍はソ連に降伏し、南側にいる日本軍はアメリカに降伏するよう強引に決めてしまったのである。ソ連軍の朝鮮半島侵攻からわずか2日間の即断即決だった。その結果、ソ連の軍政（間接統治）下にある北半分では金日成を指導者とする朝鮮民主主義人民共和国（北朝鮮）が1948年9月9日に建国され、アメリカの軍政（直接統治）下にある南半分では同年8月15日に大韓民国（韓国）が李承晩《イスンマン》を指導者に据えて誕生した。

脆弱な金日成政権の強軍政策と独裁強化

金日成（本名…金成柱《キムソンジュ》）は1912年に平壌近郊の万景台《マンギョンデ》で生まれ、1920年に父親に連れられて満州（中国東北部）に移住している。1930年初頭に中国共産党に入党し、30年代半ばに東北抗日聯軍に入隊して抗日パルチザン運動に参加したとされている。1940年秋に少数の部下を引き連れてソ連に逃亡。ソ連が最初に陸上から朝鮮半島に侵攻した8月13日の軍隊の中に金日成の姿はないことが中国の写真から証明されており、45年9月19日に船でソ連のウラジオストクから数十名の部下を従えて元山《ウオンサン》に上陸している。

当然、朝鮮半島における共産党員にとっては新参者《しんざんもの》で、スターリンの後押しで北朝鮮の首相にはなったが、朝鮮の事情に疎《うと》く、まったく力を持っていなかった。

このとき北朝鮮には金日成が率いるわずかな満州派以外に、日本統治時代から培《つちか》ってきた南朝鮮労働党派（本土派）、（中国から戻ってきた）延安派《えんあんは》および金日成系列ではない、ソ連生まれのソ連派などの共産主義者が乱立していて、金日成としては何としても統率力を持たなければならなかった。

そのため、共通の敵を定めて各党派を団結させる必要性に迫られ、朝鮮労働党という共産主義の党を結成すると同時に、朝鮮人民軍を建軍し、韓国を最大の敵として朝鮮半島を統一する方策を練ったのである。韓国の李承晩は強烈な反共主義者だったので、どの党派にとっても共通の敵たり得た。

北朝鮮という国は、建国の時点から「強軍政策」と「独裁強化」を軸としてスタートしたと言える。

運よく、１９４９年3月1日、アメリカのマッカーサー連合国軍総司令官が「極東の防衛線から韓国や台湾を除く」と言明した。

金日成はシメタとばかりにスターリンに会いに行き、南朝鮮（韓国）へ軍事侵攻をして南北朝鮮を統一したいので、応援してほしいと頼んだ。

ところがスターリンは断っている。「ソ連が38度線を越えるような軍事行動に出れば、必ずアメリカが参戦してくる。米ソの関係においてヤルタ体制を自ら崩すことは好ましくなく、かといって中国では毛沢東が国共内戦（国民党と共産党の内戦）中で、国民党軍の劣勢は明らかなものの、まだ新中国が誕生していない。南北統一をするなら、その戦争は毛沢東にやらせればいい。だから毛沢東による中国が誕生してからでないと南への侵攻は、始めてはならない」旨、回答。

やむなく金日成は焦りながらも時機を待つことにした。そしてチャンスはほどなくやってきた。

毛沢東は朝鮮戦争に反対だった

1949年10月1日に、中国共産党による中華人民共和国が誕生し、1950年1月にはアメリカのアチソン国務長官が「アメリカの防衛線はアリューシャン列島から日本列島、フィリピンに至るラインであって、韓国と台湾はこの防衛線の中に入らない」という演説をしたのだ。

これで条件は揃ったと考えた金日成は、同年3月末から1カ月間ほどモスクワを訪れて、スターリンに懇願した。スターリンはソ連が参戦すると必ずアメリカが参戦してきて第三次世界大戦になるので、その前に毛沢東の承諾を取りつけよ、と命令。ソ連は無傷でいられるように謀《はか》ったのだ。その絶対的な条件下で、金日成の願いに対してスターリンは首を縦に振った。1949年8月にソ連は原爆実験に成功していたので、万一アメリカが参戦してきても、スターリンにとってはそれが安心材料の一つになっていたことだろう。

１９５０年5月13日に北京を訪問し毛沢東に会った金日成は、予告なしに、いきなり韓国への軍事攻撃計画を持ち出した。

驚いた毛沢東は断固反対した。

新中国（中華人民共和国）は誕生したばかりだ。おまけにまだ台湾は「解放」していない。「解放」というのは中国人民解放軍が占領統治することで、中国（大陸）では国共内戦を解放戦争と称する。苦しむ人民を蒋介石・国民党の圧政から「解放する」という意味も持つ。実際は、さらなるイデオロギー的圧迫を加えていくことになるのだが、スローガン的には「解放」なのである。

ともかく毛沢東は、その「台湾解放」のために、スターリンには早くから支援を求めており、スターリンは軍事的支援を承諾している。

人民解放軍は陸上では強いが、台湾のように海を隔《へだ》ててしまうとお手上げだ。それに比べて蒋介石はアメリカの支援を得て「飛虎隊《フエイフードイ》」（フライング・タイガー）という強力な空軍を持っていた。だから、台湾に逃亡した蒋介石（「中華民国」）をやっつけるには、何としてもスターリンの支援が必要なのだ。

それに、毛沢東には老獪《ろうかい》な帝王学がある（詳細は拙著『毛沢東　日本軍と共謀した男』参照）。朝鮮半島は南北に分かれている方が、中国にとっては好都合なのである。

毛沢東にあるのは三国志的帝王学だ。だからこそ、日中戦争の時に平気で日本軍と手を組み、蔣介石・国民党軍の軍事情報を高値で売った。毛沢東の目的は「大地の帝王」となることのみであって、抗日、反日などは実はどうでもいい。そのとき中国の国家であった中華民国の主席である蔣介石をやっつけることこそが、彼の最終目標だった。そのためには蔣介石の力を弱体化させてくれる日本軍は、非常にありがたい存在だった。口では「抗日闘争」を叫んで民衆の心を引き寄せながら、心の中では日本軍に感謝していた。

毛沢東流のこの帝王学に従えば、朝鮮半島は二つに分かれて内部抗争している方がよほど都合が良く、ましてやソ連を後ろ盾とする北朝鮮が朝鮮半島を統一するなどということは、「毛沢東の中国」にとっては、むしろ「危険なこと」でさえある。

毛沢東は内心ではスターリンが大嫌いで、ソ連系のエリート中国共産党員（ボルシェビキ）を憎んでおり、後の知識人迫害へとつながっていったほどだ。

ソ連を後ろ盾とする北朝鮮が朝鮮半島を統一してしまったら、中国は「北はソ連」「東はソ連系朝鮮」という「ソ連だらけの国」によって「包囲されてしまう」ことになる。

ここが蔣介石的発想と毛沢東的帝王学の違いだし、老獪さにおいては圧倒的に毛沢東が優る。

金日成の「狡さ」

しかし「狡猾《こうかつ》さ」においては、金日成も負けてはいない。

毛沢東と金日成が押し問答をしている間に、モスクワから北京へ電報が来た。金日成が韓国に軍事攻撃をすることを、スターリンがすでに承認しているという旨の内容だった。まずスターリンに承諾させてから毛沢東に圧力をかける「狡《ずる》さ」。この手段はその後も続いていく。

アチソンラインを例にとって、今こそが突撃の絶好のチャンスだとする金日成に対して、「そんな言葉など、戦争が始まれば一瞬で翻《ひるがえ》すさ」と一笑に付し、朝鮮戦争をしかけることに反対していた毛沢東だったが、スターリンの言うことを聞かないわけにはいかない。というのは、1950年の2月に、ようやく「中ソ友好同盟相互援助条約」を締結したばかりだ。ソ連の支援で五カ年計画をスタートさせることになっている。国共内戦で疲弊《ひへい》した中国経済にとって、ソ連の支援は欠かせない。

その足元を見る金日成。

こうして朝鮮戦争が始まってしまったのである。

毛沢東の予想通り、北朝鮮が38度線を越えて宣戦布告もなしに韓国に奇襲攻撃してきたのを知って、アメリカは直ちにアチソンラインを撤回。国連軍を結成して韓国側に付き、韓国で優勢を誇っていた北朝鮮軍を38度線以北まで押し返した。

それを見た中国は、10月25日になって、ようやく中国人民志願軍を結成して北朝鮮側に付き、朝鮮戦争に参戦したのだった（実際には10月19日に中朝国境にある鴨緑江《おうりょくこう》を渡って北朝鮮に入っている）。

2. 休戦協定が残したしこりと根本的矛盾

朝鮮戦争に関しては多くの記録が残っているので詳細には書かない。ただ、その後の動きに関係する重要な要素だけを簡単に記したい。

中国人民志願軍の総司令官は彭徳懐《ほうとくかい》元帥。日中戦争の時に岡村寧次《やすじ》大将（支那派遣軍総司令官）が中共軍の中で最も強い将軍として一目を置いた人物だ。彭徳懐もまた、当時の岡村の強さに畏敬《いけい》の念を抱いていた。彭徳懐は後に（1959年7月の廬山《ろざん》会議で）毛沢東の大躍進政策により大量の餓死者が出ているとして「現実を見るべきだ」と批判したために逮捕投獄されて獄死している。日中戦争中に毛沢東が「中共軍の10％の兵力しか抗日戦争には注いではならない」と命令したのに、彭徳懐はそれを聞かずに「百団大戦《ひやくだんたいせん》」などを仕掛けて日本軍と戦ったことがある。その時から毛沢東は彭徳懐が気に入らず、恨みをこの時まで引きずっていたと見ている中国人歴史家は少なくない。

北朝鮮の戦場で戦死してくれればいいという気持もあっただろうが、戦死したのは毛沢東の息子・毛岸英《もうがんえい》だった。中国が参戦して1カ月あとのことだった。その復讐の意味もあったかもしれない。

一方、義理堅く正義感に燃えていた彭徳懐としては、きっと毛岸英を守りきれなかった申し訳なさがあったにちがいない。その勇猛果敢ぶりは周囲を圧倒し、あっという間に国連軍を38度線まで押し返した。

筆者はこのとき北朝鮮に隣接する吉林省延辺《えんぺん》朝鮮族自治州の州都、延吉《えんきつ》市に住んでいた（自治州になったのは1955年）。生まれた都市である長春市が国共内戦で八路軍（中共軍）による食糧封鎖に遭い（1947年〜48年）、数十万の無辜《むこ》の民が餓死し、家族にも餓死者が出たことから、このままでは全員が死んでしまうと判断した父が、長春脱出を決意したからだ。八路軍に指示されて辿り着いた先が延吉だったのである。そこには製薬工場が一つもないので、父に製薬工場を作れというのが中共政府の命令だった。

朝鮮半島統一を恐れている習近平

1948年当時の延吉市の住民は7割以上が朝鮮族で、朝鮮戦争が始まると北朝鮮からの避難民で延吉の街は混乱を極めた。「アイゴー、アイゴー」と泣きながら延吉に入ってくる北朝鮮難民の数は増えていくばかりだったが、11月に入ると、突然その数が減り始めた。

今では地球温暖化現象で全体的に気温が上がっているが、当時の延吉の冬は零下40度近くまで下がる日もあるくらいに寒かった。10月に入ると雪が降り始める。それでいて夏はやはり暑いので、最初の頃の避難民はボロボロに破れた服をまとい、その服は汗に濡れて体にベタッとくっついていたし、顔や腕など空気に触れている肌の部分には黒いすじ模様が何本も浮かんでいた。埃《ほこり》だらけになった顔に汗が流れて、それが縞模様になっていたのだ。10月頃からは、筵《むしろ》を覆って逃げてくる避難民もおり、寒さをしのいでいた。もしこれが11月、12月と同じ数だけ続けば、凍傷に罹《かか》ったりする人の数も増えていったにちがいない。

避難民は陸続きの北朝鮮から来ている。

しかし延辺自治州にいる朝鮮族たちは昔からそこに住んでいるので、南も北もない。ただ朝鮮戦争が始まると、自分たちが元住んでいた場所によって、38度線を引かれた「北側」なのか「南側」なのかで、明確な意識の分岐線が住民の間で生まれてきた。

「北」の者は、自分の息子や父親が「南」の者に殺されたと言っては「南」を罵《のの》り、「南」の者は「北」から来た者を恨んだ。延吉は中国の領土なので、共産主義国家だ。朝鮮戦争は中華人民共和国が1949年10月に誕生した後に始まったので、延吉では「南」から来た者が肩身の狭い思いをする。家の周りでは、いつも「北」と「南」の出身のちがいによって罵倒《ばとう》や喧嘩が絶えず、それは現在の南北朝鮮（北朝鮮と韓国）と変わらない情景だと、筆者の目には映る。

2017年5月9日に韓国大統領に当選した文在寅《ムンジェイン》は、北の出身のようだ。彼はこの感情を痛感している者の一人だろう。米ソが線などを引くから、38度線のどちら側の出身かが、どこまでもつきまとってくる。

もし南北朝鮮が統一されて、一つの「朝鮮」になったら、一番怖がるのは習近平かもしれない。現在、吉林省延辺朝鮮族自治州にいる朝鮮族の多くは、一斉に「朝鮮」に戻るにちがいないからだ。戻らなくとも、延辺朝鮮族自治州と朝鮮とは合併したいと思うようになる可能性がある。

そうなると、それはウイグルやチベットなど、そうでなくとも独立を望んでいる他の少数民族自治区へと影響を及ぼしていく。少数民族が独立すれば、中国共産党による一党支配体制は崩壊する。それを防ぐためにも、南北朝鮮は、二つの国家に分かれて、戦争が起きない程度に適宜せめぎあっている方が、中国には都合がいいのである。

各少数民族自治区における少数民族の割合が年々減っていくのは、この独立を防ぐためで、漢民族を送り込んでは「漢民族化」を目指している。

筆者がいたときには70％以上が朝鮮族だったのに、今では35・５％に激減している。

休戦協定にどう書いてあるか

さて、時間を戻そう。

１９５０年12月８日、筆者の家族は灯火管制の続く延吉を逃れて、天津へ移住した。

天津では「抗美援朝《カンメイユエンツアオ》」（アメリカに抗議し、北朝鮮を支援しよう）という歌やスローガンが流行《はや》っていて、学校では毎日のように中国人民志願軍の話を聞かされ、十代の少年までが志願して「小英雄」として讃えられるラジオ放送が学習の手段として使われた。まるで志願しない者は悪であるかのような罪悪感を、小学生にさえ抱かせた。

そのような社会状況だったから、人民志願兵の数は増える一方で、連合国軍を圧倒した。

戦争は膠着《こうちゃく》状態に入り、38度線周辺で消耗戦《しょうもうせん》になっていた。

これ以上続ければ連合国軍側、特にアメリカ軍側に犠牲者が増えると判断したのだろう。

１９５１年３月24日、トルーマンは「停戦を模索する用意がある」という声明を出す準備をしていた。アメリカ側から手を挙げようとしたのである。

ところが、作戦司令官として失敗続きだったマッカーサーは、失敗を挽回しようとして停戦をさせないように、中国への原爆投下などを勝手に宣言したため、4月に解任される。トルーマンは第三次世界大戦に発展することを警戒し、停戦交渉に入った。

結果、1953年7月27日に、南北境界線上の板門店《パンムンジョム》で休戦協定が締結された。国際連合軍を代表してアメリカのウィリアム・ハリソン陸軍中将と、朝鮮人民軍および中国人民志願軍を代表して南日《ナムイル》大将（北朝鮮のソ連派）が署名したあと、国連軍総司令官のクラーク大将、中国人民志願軍の彭徳懐司令官と朝鮮人民軍の金日成最高司令官が署名した。国籍的には「米朝中」の3カ国となる。

休戦協定の冒頭には「最終的な平和解決が成立するまで朝鮮における戦争行為とあらゆる武力行使の完全な停止を保証する」と規定している。ここで言う「最終的な平和解決」とは「平和条約」のことである。

だからまず、**「この休戦協定は、最終的には平和条約を目指したものである」**ということができよう。これが今日の状態を分析する上で最も重要で基本的な条文である。

アメリカの休戦協定違反

次に重要なのは、休戦協定の第４条第60節にある「休戦協定締結後、いかなる他国の軍隊も３カ月以内に南北朝鮮から撤退すること」という条文だ。中国の軍隊は約束に従い、１９５４年から58年までの間に完全撤退した。しかし米軍は今もなお韓国に駐留し、撤退していない。それどころか米韓軍事演習さえしているのが現状だ。

これは明らかな休戦協定違反なのである。

実は、第60節には、「〝休戦協定締結後、いかなる他国の軍隊も３カ月以内に南北朝鮮から撤退すること〟を実行するために、ハイレベルの政治会談を行うこと」という趣旨の記述がある。それを実行するために１９５４年にジュネーブで開催されたハイレベル政治会談を、アメリカだけがボイコットした。

それはなぜか。

この時点で米韓の間には「米韓相互防衛条約」という軍事同盟があったからだ。

実は朝鮮戦争の休戦協定を結ぶことに対して、当時の韓国の李承晩大統領が強烈に反対し、韓国軍だけでも戦うと言って聞かなかった。国連軍（事実上、アメリカ軍）は第三次世界大戦に発展する可能性があるとして、戦争継続に賛同しなかった。

しかし李承晩は休戦協定交渉中に、「李承晩ライン」を一方的に設定して、「日本の竹島を韓国領とする」と宣言するなど身勝手な行動を取っている。その横暴さに手を焼いたアメリカは、それなら韓国に米軍を駐留させ北朝鮮による武力南進を防ぐための「米韓相互防衛条約」を締結するからと約束して、李承晩を説得したのである。つまり、米韓相互防衛条約締結を交換条件として、休戦協定に調印したことになる。

肝心なのは、この米韓相互防衛条約の第四条には「アメリカ合衆国の陸軍、空軍及び海軍を、相互の合意により定めるところに従って、大韓民国の領域内およびその附近に配備する権利を大韓民国は許与し、アメリカ合衆国は、これを受諾する」という文言があるということだ。もう少し簡易な言葉で言うなら、要するに「在韓米軍を置くので、心配するな」と韓国に約束したことになる。一応、このように約束して李承晩を説得した。

説得したまま、休戦協定締結までは、「米韓相互防衛条約」の調印はしていない。ところが、休戦協定を締結した約2カ月後の1953年10月1日に調印している。だから1954年にジュネーブで開催された政治会談には「顔を出せなかった」のだ。

米韓相互防衛条約締結第六条にはさらに「この条約は、無期限に効力を有する。何れに一方の締約国も、他方の締約国に通告を行ってから一年後にこの条約を終了させることができる」とある。米韓両国のどちらかが望む限り、「永遠に米軍は韓国に滞在してもいい」ことになるのだ。

つまりアメリカは、一方では休戦協定第60節「休戦協定締結後、いかなる他国の軍隊も3カ月以内に南北朝鮮から撤退すること」を認めて署名しながら、一方では「絶対に撤退しない」という条約にも署名しているのである。

これほどの休戦協定違反はない。

これが休戦協定最大の矛盾なのである。

正確に言えば在韓米軍と米韓軍事演習は、完全に休戦協定に違反している。

もちろん、だからといって北朝鮮が「それなら我が国も」とばかりに、核・ミサイル開発をしていいわけがない。

前章で記した２０１７年4月22日、中国共産党系新聞の「環球時報」の社説「ワシントンは北京に過分な期待をかけるが」をもう一度見て頂きたい。

冒頭部を再度拾ってみよう。

――トランプ大統領はツイッターで「中国は北朝鮮の経済的生命線だ。もし中国が朝鮮問題を解決しようと思えば、容易にできるはずだ」と書いている。トランプ大統領は彼独特のやり方で、北京に圧力を掛けている。ワシントンは北京が「手伝ってくれること」を鼓舞し、同時に北京が「十分には手伝えない時には」、ワシントンには別の選択があると言っている。北京は非常に困難な局面に追い込まれている。平壌（北朝鮮）を説得しても言うことを聞かない。米韓双方に「双暫停」（北は核・ミサイル開発を暫時《ざんじ》停止し、米韓は合同軍事演習を暫時停止する）要求を出しても、ワシントンもソウルも全く聞かない。トランプ大統領が言うところの「中国が北朝鮮問題を解決してくれるだろう」という言葉と中国が希望する解決方法の間には、あまりに大きな違いがあるのだ。

ここで中国が常に言っている「双暫停」という言葉と、トランプが言うところの「中国が北朝鮮問題を解決してくれるだろう」という言葉に対して中国が言いたいのは、この休戦協定違反のことなのである。休戦協定をしっかり読むと、双方とも協定違反をしていることが理解できる。

ただ、せっかく仲良くなった米中関係を重んじて、「（トランプの）言葉と中国が希望する解決方法の間には、あまりに大きな違いがある」という表現に留めていることが窺える。

「北朝鮮の後ろ盾として中国がいる」は正しいか

次にアメリカが違反したのは、休戦協定第13条の(d)である。そこには「休戦協定後は朝鮮半島に新しく兵器を持ち込んではならない」旨が書いてある。

ところがアメリカは1958年に韓国に核兵器を配備したのだ。まず核武装したMGR―1とM65 280㎜カノン砲を配備し（1958年2月6日の Universal International Newsreel）、1年後には中国とソ連を射程距離にとらえた核武装したMGM―1が加わった。

もっとも、核兵器を持ちたくてならない金日成は1956年にソ連に懇願して、ソ連との間に原子力開発に関する基本合意を結び、ソ連にあるドゥブナ核研究所に北朝鮮の研究者や学生を留学させている。それでもソ連に留学して勉学あるいは研究をしているだけで、この時点ではまだ休戦協定に違反はしていない。

1959年に米韓が原子力平和利用協定を締結すると、ソ朝も同じ協定を結んだが、しかしソ連はこのとき北朝鮮の寧辺《ニョンビョン》に原子力研究所を設立する支援をしている。ここでも研究機関を設立しただけで、この時点ではやはり休戦協定違反に当たる行動はとっていないと言っていいだろう。

一方、マッカーサーが朝鮮戦争中に中国に原爆を落そうとしたことなどもあり、中国は1956年から原子爆弾の研究開発に着手し、58年以降に加速していった。そして1964年に、遂に原爆実験に成功する。

すると北朝鮮はすぐさま、毛沢東に原爆の技術協力を申し出たが、毛沢東は一言のもとに拒絶している。北朝鮮が中国と同等の強国になるのは困るだけでなく、金日成を信用していないからだ。

1964年には、すでに中ソ対立が表面化しており、ソ連に足場を置き、常にソ連を使って中国を追い詰めようとする金日成の狡猾さに毛沢東は辟易《へきえき》していたにちがいない。

実は1961年7月11日に「中朝友好協力相互援助条約」(中朝条約)が締結されている(中朝両国はそれぞれ8月30日および23日に批准《ひじゅん》)。この第二条には「両締約国は、共同ですべての措置を執りいずれか一方の締約国に対するいかなる国の侵略をも防止する。いずれか一方の締約国がいずれかの国又は同盟国家群から武力攻撃を受けて、それによって戦争状態に陥ったときは他方の締約国は、直ちに全力をあげて軍事上その他の援助を与える」という「参戦条項」があるので、これは「中朝軍事同盟」と位置づけることができる。

この条約を中国と締結する前に、金日成はまず1961年7月6日にモスクワに飛び、ソ連のフルシチョフ首相との間で「ソ朝友好協力相互援助条約」を締結し、その上で北京に行き、周恩来との間で「中朝条約」に署名した。このように北朝鮮は建国以来、つねに「俺の背後には、お前の兄貴分のソ連がいるんだぞ」という上から目線で中国に圧力を加え威嚇してきたということができる。

ただ、「ソ朝」にしろ、「中朝」にしろ、金日成が友好条約を結ばずにはいられなくなった発端は1961年5月16日に韓国の朴正煕《パクチョンヒ》大統領（朴槿恵《パククネ》前大統領の父親）が軍事クーデターを起こして韓国に反共軍事政権を樹立したためとされている。

いずれにせよ、北朝鮮の「後ろ盾として中国がいる」という、日本の「慣用句」のような言葉は、最初から間違っており、中国にはアメリカへの複雑な抵抗と（旧）ソ連、北朝鮮へのねじれた思いがあり、一筋縄ではいかない事情がある。

さらに険悪化していく中朝関係

金日成は朝鮮戦争が終わると、戦争で戦った延安派を粛清してしまっただけでなく、自分の権威を高めるために、「朝鮮戦争の勝利は朝鮮人民軍が勝ち取ったもので、中国人民志願軍の貢献によるものではない」といった趣旨のことさえ言ったことがある。

朝鮮戦争における中国人民志願軍の戦死者の数は、再調査が進んでいるため年々少しずつ変化しているが、２０１０年10月26日の新華網の発表によれば約18万人（正確には18万３１０８人）とのこと。遺骨はまだ完全には中国に戻っていない。それほどの犠牲を払ったにも拘わらず、北朝鮮の中国への尊敬度は高くない。特に前述したとおり、１９６４年に中国が原爆実験に成功したときに、技術協力を求めてきた金日成に対して毛沢東が一言のもとに断っているので、その後の金日成は再びソ連への依存度を増していった。

ちょうどこの頃は中ソ対立が表面化し始めたこともあり、金日成は漁夫《ぎよふ》の利《り》を得ようとした。しかし文化大革命期（１９６６年～76年）における北朝鮮の存在は、中国にとって「敵国」さながらのものとなっていく。

毛沢東を崇拝する紅衛兵《こうえいへい》たちが、金日成を走資派《そうしは》あるいは逃亡派として血祭りに上げ始めたのだ。走資派というのは、主として金日成が背広を着ていて黒メガネをかけ、かつ男女関係が非常に乱れていたといった類《たぐい》のことが批判対象となっており、逃亡派というのは、旧ソ連との間の中ソ対立が激しい中で、「金日成は敵国ソ連に逃亡した売国奴《ばいこくど》だ」という類のものだ。罪状は20項目に及び、激しい金日成批判運動が展開された。北朝鮮も負けておらず、中朝国境の鴨緑江《おうりょくこう》を挟んで、互いの罵倒合戦が展開されたほどだ。

毛沢東は中朝国境を封鎖した

そのきっかけとなったのが、中ソ対立を操るように動きまわった金日成の狡猾さである。現在の金正恩の行動パターンと今後の可能性を知るためにも、北朝鮮が中国に対してどのような動き方をしたのかを詳述する。中国共産党の機関紙の一つである「光明日報」の記事を、２０１３年3月27日付中央テレビ局ＣＣＴＶのウェブサイトが載せている。

1・朝鮮戦争の休戦協定が締結されると、金日成は中国の吉林省朝鮮族延辺自治州を中心とした東北一帯にいる朝鮮族に「祖国概念」を植え付けるべく運動し始めた。彼らの祖国は「朝鮮民主主義人民共和国（北朝鮮）だ」という洗脳活動を始めた（筆者注：毛沢東が南北朝鮮の統一を警戒したのは正しかったと言えよう）。

2・中朝国境には白頭山《ペクトウサン》があり、その頂上には「天池《テイエンチ》」というカルデラ湖がある。ここは中国領なのだが、北朝鮮が「ここは偉大なる金日成将軍の革命発祥の地である」と言ってきて、天池は北朝鮮の領土と言い始めた。わざわざ特使を北京に派遣して主張し始めたので、最初中国は抗議したが、中国は国内問題で大変な時期でもあり、それなら天池の半分だけ北朝鮮にくれてやるとしてしまった（筆者注：だから今日は、湖の真ん中に中朝国境線があることになってしまい、立ち入り禁止になっている)。

3・北朝鮮側はさらに図に乗って、「中国の黒龍江省《こくりゅうこう》の一部分と、吉林省の大部分および遼寧省の一部分は、その昔高麗《こうらい》帝国の領土であった。だからわれわれに返還せよ」と要求してきた。毛沢東はさすがに、このバカげた要求を拒否した。

4・中ソ対立が鮮明になった後の1965年2月、北朝鮮はソ連に近づき、ソ連が北朝鮮に対して軍事支援をするという協定を5月に締結。66年2月には、66年から70年にかけての科学技術の協力協定に署名。当然のことながら、毛沢東が協力を断った核実験に関する技術移転が入っていた。67年にもソ朝軍事同盟強化の協定に署名。中朝国境で軍事紛争を何度も起こしたため、**中国は68年に中朝国境を封鎖した。**

5・こういった流れの中で、紅衛兵たちが金日成を走資派、逃亡派として批判し、壁に「大字報」などを貼り付け始めた。

6・そのことを知った金日成は、朝鮮戦争で戦死した中国人民志願軍の慰霊碑を破壊し、特に毛沢東の息子・毛岸英の慰霊を、粉々に粉砕した。

7・紅衛兵は鴨緑江の対岸でマイクロフォンを使って、連日大声で金日成を罵倒。それに対して北朝鮮も「金日成こそは心の太陽!」などと叫び、鴨緑江に船を繰り出してきて水上戦を展開し、鴨緑江の流れを堰《せ》き止め、中国領土側に洪水被害をもたらすなど激しくなっていった。

8・70年代に入ると中米関係が緩和し始め、中米が接近し始めた。69年4月に北朝鮮がアメリカの偵察機を撃墜したが、ソ連は北朝鮮を応援するどころか、撃墜された飛行機の生存者の捜索活動に手を貸すなどしたため、北朝鮮は対米関係において取り残された。そのため北朝鮮は急に中国を向き始め、69年10月1日の国慶節を祝賀するために、金日成は北朝鮮の最高人民会議常任委員会の委員長を北京に派遣したりなどした。

こうして1970年10月、形勢不利と見た金日成は、ようやく北京を訪問するのである。このとき毛沢東に会った金日成は、北朝鮮にある中国人民志願軍の慰霊碑を修復すると約束している。

概ね、このようなことがCCTVのウェブサイトに書いてある。

3. ソ連崩壊後の中朝関係

中国とソ連の間をうまく泳ぎまわっていた北朝鮮だったが、ソ連にゴルバチョフ政権（1985年3月〜1991年12月）ができると、事態は急変する。ゴルバチョフはソ連の政治経済の抜本的改革を目指して「ペレストロイカ（改革）」と「グラスノスチ（情報公開）」を断行しただけでなく、外交面でも「新思考外交」に基づいて民主主義的思考を進めたのだ。その結果、北朝鮮ではなく、なんと韓国を重んじ、1990年9月に、韓国と国交を樹立してしまった。

この新思考外交は東ヨーロッパの民主化にも大きな影響を及ぼし、結局ソ連は1991年12月25日に崩壊した。後ろ盾を失った北朝鮮が受けたショックは、尋常ではなかった。

それまで旧ソ連から経済支援や軍事支援だけでなく、ミサイルや核開発に関するノウハウを仕入れてきたが、ソ連崩壊に伴い、旧ソ連から核・ミサイル技術者を大量に呼び込みながら、今度は中国に接近しようとした。

ところが中国もまた、旧ソ連にならって、1992年8月に韓国と国交を樹立してしまう。

北朝鮮にとっては、まだ休戦協定中で朝鮮の南北戦争が終わっていないのだから、韓国は戦争中の敵国に等しい。その韓国と国交樹立したことに激怒した金日成は、「それなら『中華民国』と国交を樹立してやる！」と中国を脅した。

中国は韓国と国交を樹立する際に、「一つの中国」原則に則《のっと》って、それまで韓国と国交のあった「中華民国」との国交断絶を前提として要求していた。その「中華民国」と国交を結んでやると、暴れたのだ。

これまで見てきたように、北朝鮮はソ連が建国したような国だ。

ソ連には頭が上がらず、ソ連を威嚇するようなことは絶対にしたことがないが、中国に対しては常に「俺の後ろには、お前の兄貴分であるソ連がいるんだぞ」とばかりに、大きな態度を取ってきた。中ソ対立があるときはそれを逆利用して、「何なら俺は、お前の敵のソ連にくっついてもいいんだぜ」と、やはり中国を脅し続けてきたのである。

しかしこのときばかりは、鄧小平は「やるなら、やってみろ！　それならこっちはお前と国交断絶してやる！」と北朝鮮を威嚇した。

もう頼るところを失った北朝鮮は、結局音《ね》を上げるのだが、それでもなお中国への威嚇をやめず、「それなら経済援助を強化せよ」という厚かましい要求を中国に突き付ける。朝鮮戦争は金日成とスターリンが仕組んで毛沢東を騙し討ちにしたようなものだが、このあと中国は北朝鮮に対する経済支援をするしかないところに追い込まれていく。中国は中国で、在韓米軍への「緩衝地帯《かんしょう》」として、北朝鮮を確保しておく必要性があった。北朝鮮は中国のその足元を見て、「俺がいなくなったら困るんだろ?」という、中国に対する上から目線の姿勢を続け、傲慢《ごうまん》になっていく。

改革開放を推し進めてきた鄧小平は、北朝鮮にも改革開放を要求したが、北朝鮮は応じようとしなかった。そこで鄧小平は改革開放の良さを分からせるために、「辺境貿易」を促進し、北朝鮮庶民の商売欲を刺激した。

中朝貿易のカラクリ

中朝貿易を大きく分けると、中国政府が認可した企業が行う「一般貿易」と、国境周辺の地方人民政府が許認可権を持っている「辺境貿易」の二種類がある。北朝鮮に関しては、吉林省延辺朝鮮族自治州など、北朝鮮と国境を接する地域が辺境貿易地区と指定されている。

辺境貿易は北朝鮮に限られたものでなく、1989年6月4日の天安門事件などを受けて頓挫《とんざ》した改革開放路線に対して、業を煮やした鄧小平が1992年に市場経済の号令をかけたことから始まる。

1992年初頭、国務院は13の都市を「辺境貿易都市」として指定した。その主たるものには黒龍江省の黒河《こくが》、吉林省の琿春《こんしゅん》、内蒙古の満州里《まんしゅうり》……などがある。1994年には「中華人民共和国対外貿易法」第8章第42条に明記し、その後激しい勢いで発展していった。辺境貿易の範囲は、本来は20キロ以内となっていたが、どんどん広がっていき、たとえば2000年には中朝貿易額は、一般貿易：辺境貿易の割合が3：100に至ったほどだ。

金正日《キムジョンイル》は胡錦濤政権時代に改革開放に興味を持ち、中国の改革開放の地を視察したこともある（2011年）。

しかしその一方で、北朝鮮は核開発を中断したことがなく、1982年にアメリカの偵察衛星が寧辺にある原子炉を発見したことから、アメリカはソ連に北朝鮮が核拡散防止条約（NPT、1970年発効）に加盟するよう働きかけた。その結果、北朝鮮は1985年にNPTに加盟する。しかし、1993年に脱退を表明した。

その背景には、やはりソ連崩壊と、崩壊前のソ連が韓国と国交を樹立したことがある。それに対してアメリカは懐柔策《かいじゅうさく》を採り、「米朝国交正常化への道筋の枠組み」を条件にしながら「北朝鮮国内での核開発の凍結」を約束させた。ところが北朝鮮は核開発を凍結しなかった。

それから今日に至るまでの状況は周知の通りなので、ここでは省略する。

2017年3月15日に来日したティラーソン米国務長官が「アメリカの、ここ20年間の対北朝鮮政策は失敗だった」と言ったのは、この辺の状況を指したものだろう。

国連における経済制裁や韓国の朴槿恵政権時代の開城《ケソン》工業団地閉鎖などに伴い、2010年前後までは対中依存度が約50％程度だった北朝鮮の貿易は、2016年のWTOデータなどでは、対中依存度90％にまで達しているとされている。

中国が政府として一定程度の経済制裁をしていてもなお、北朝鮮の対中貿易額が減少せず、あたかも北朝鮮の経済を中国政府として支えているように見えるのは、この辺境貿易があるからだと言っても過言ではない。

一党支配体制で絶対的ヒエラルキーがあるはずの中国で、なぜ政府の命令に逆らって辺境貿易がはびこるのかという疑問があろうが、これは「なぜ国有企業の構造改革ができないのか」という疑問と同じで、回答はただ一つ、地方人民政府の力が強いからだ。

改革開放に当たって、鄧小平は地方人民政府同士を競争させた。文化大革命で、中国経済が壊滅状態にあり、国の財政があまりに乏しかったからである。そのため地方人民政府による中央政府への偽装ＧＤＰの報告も起きたが、実は中国は地方政府がまるで「一国一城の主」のような要素を持っているというのが、別の一面でもある。一党支配体制では想像しにくいかもしれないが、中国経済に致命的な供給側の構造改革が進まない理由もそこにある。

供給側の構造改革というのは国有企業改革のことで、中国には中央政府管轄の国有企業と地方政府管轄の国有企業があり、前者は１００社強であるのに比べ後者は10万社強。この地方国有企業が地方政府の利権と絡《から》んで、経営が成り立っていなくても存続させるゾンビ企業を数多く抱えている。腐敗も尋常ではない。だから習近平を「核心」として命令に従わせなければ中国経済は破綻《はたん》する。次章で述べる一帯一路にはこの問題が絡んである。

4. 中国の制裁はどこまで行くのか

トランプがまだ大統領選を争っていた2016年6月、「何なら金正恩とハンバーガーでも食べながら、お喋りをしてもいいよ」と言ったのは有名である。その頃、トランプは「プーチンはいい男だ」とも言っていたので、北朝鮮もロシアも、トランプが大統領になることを期待していたことだろう。

16年11月8日にトランプが大統領に当選すると、北朝鮮のトランプに対する期待は、17年2月12日まで、「ミサイル発射を控える」という形で示されていた。

それが2月12日に、安倍首相の訪米中の日を選んで破られたのは、1月20日に誕生したトランプ政権閣僚による初の訪問先として日韓を選んだことと、その閣僚が国務長官ではなくて、国防長官だったためだろう。

マッド・ドッグ（狂犬）と呼ばれているマティス国防長官は、2月2日に訪韓するなり、龍山《ヨンサン》駐韓米軍司令部を視察し、3日には尹炳世《ユンビョンセ》外相や韓民求《ハンミング》国防相とも会談。

会談ではいずれも、アメリカが米韓同盟を重視していることを強調し、北朝鮮の脅威に対抗する固い意志に変わりはないことを確認した。さらに「もし北朝鮮が核兵器を使用した場合には、効果的で圧倒的な対抗措置を取る」とも発言。また終末高高度防衛ミサイル（最新鋭迎撃ミサイル）ＴＨＡＡＤの年内配備も、あらためて確認し合った。

３日の午後には訪日し、安倍首相と会談、韓国同様、日米同盟強化の重要性を強調し、北朝鮮への対応とともに、中国の東シナ海や南シナ海における「力による」膨張に対する警戒感とさらなる協力を確認し合った。

中国のＣＣＴＶは1時間ごとのニュースでこのことを大々的に報道し、北朝鮮における報道も引用しながら、「朝鮮半島の不安定化をもたらしているのはアメリカであり、アメリカが半島から手を引きさえすれば、北朝鮮が核やミサイルの開発をする必要もない。原因は全てアメリカにある」「アメリカの武器商人のはけ口として、結局のところアメリカは世界のどこかに緊張を生んでいなければ、武器を使用する理由がなくなるので、韓国にＴＨＡＡＤを配備したり、大量の武器を売りつける」などと、激しい批判を繰り返した。

マティス国防長官がまず韓国を訪問したことに対しては、「いまアメリカの同盟国にとって最も心配なのが韓国。政権も不安定な上に、前政権を打倒するため日韓合意を覆し中国寄りになる可能性がある」などと分析していた。

中国においてさえこうなのだから、北朝鮮においてはトランプ政権に対する期待が膨らんでいただけあって、なおさらであったことが想像できる。

地方人民政府の官僚が関わった北朝鮮との不法貿易

そもそも事の発端は、北朝鮮の朝鮮中央テレビが２０１７年1月1日正午に報道した金正恩の「新年の挨拶」に始まる。彼は挨拶で「わが国の、アメリカまで届く大陸間弾道ミサイル（ＩＣＢＭ）の開発は最終段階に入った」と発言したのだ。それに対して、大統領就任前のトランプが「そうはならない」とツイートして反応した。その時すでに金正恩は、「トランプとハンバーガーを食べることはできない」と悟ったにちがいない。

北朝鮮が日本時間の12日午前7時55分ごろ弾道ミサイルを発射したとき、訪米中の安倍首相はフロリダ州にあるトランプ大統領の豪華別荘「マール・ア・ラーゴ」に滞在中だった。報道を知った後、安倍首相はトランプ大統領とともに報道陣の前に立ち、「北朝鮮のミサイル発射は断じて容認できない」と言明した。隣に立っていたトランプは、「アメリカはすばらしい同盟相手の日本を１００％支援する」と述べた。

北朝鮮のミサイル発射に対し、２０１７年2月18日、中国の商務部は「北朝鮮からの石炭輸入を全面的に停止する」と発表した。輸入停止措置は2月19日から２０１７年いっぱいとなる。少なくともその間、北朝鮮は貴重な外貨の収入源を断たれる。

実は北朝鮮に対する国連安全保障理事会の制裁強化を受けて、中国は16年4月および11月と、北朝鮮からの石炭輸入を停止する方針を示してはいたが、「核・ミサイル開発に関係せず、人道上不可欠な場合は除く」としていた。

その後、ＣＣＴＶでは、中国政府が禁止した無煙炭の輸入を未だにこっそり行っている小規模企業の経営者の摘発などを盛んに報道し始めた。逮捕された若い経営者が「禁止されているなんて知らなかった」と告白する場面をクローズアップすることもあれば、「取締りがもっと厳しくなるだろうから、今のうちに輸入して金儲けをしておきたいと思った」などという告白もある。そのため、かえって貿易額が増加している品目もある。

核兵器製造に必要とされる物品の輸出に関しては、中国は早くから禁止しているが、その法の網を潜り抜けて大企業に成長した「遼寧鴻祥実業発展有限公司」の経営者・馬暁紅《マーシャオドン》（44歳の女性）が中米両国の協力で２０１６年9月に逮捕されたことは象徴的だ。

馬暁紅は当局の取り調べに対して、遼寧省丹東《たんとう》市の一部の官員が密輸に関与していたと供述した。彼女は国連制裁で輸出禁止と定められていた金属資材や戦車用バッテリーなどを、リンゴと一緒に箱詰めしてリンゴの輸出と偽って密輸し、荒稼ぎをしていた。興味深いのは、馬暁紅の犯罪に関して、遼寧省丹東市人民政府の官僚が関わっていたことである。

2016年、遼寧省の人民代表大会（地方議会）の代表（地方議員）が不正に選出されたとして450人ほどが辞任に追い込まれた事件があったが、その多くは、この北朝鮮に対する不法貿易に関わっていたのだ。このとき、遼寧省人民代表大会常務委員会の李峰副主任も罷免《ひめん》されたことを含めて、日本の中国研究者が「権力闘争」などと、的外れな分析をしているのをよく見かけるが、これでは北朝鮮問題の真相さえ見えなくさせてしまう。中国は国連における北朝鮮制裁決議に関して、4回目および5回目の核実験の際にも、賛成票を投じている。権力闘争とは無関係だ。

「北京がダメならモスクワを」

米中首脳会談が行われた後、中国の北朝鮮に対する制裁は、さらに強化されるようになった。第3章で述べたが、2017年4月14日、中国国際航空が北京と北朝鮮の平壌を結ぶ便の運航を17日から停止した。北朝鮮の観光収入にも制裁を加えることもできる。

3月1日から4月末までの2カ月間、史上最大規模の米韓軍事演習が続けられていた中、トランプは「中国が何とかしてくれる。習近平国家主席はすばらしい」と習近平を褒め殺しにしながらも、一方ではやはり「中国が協力しなければ、軍事行動も辞さない」構えを崩さなかった。中国が航空便を停止したのは、一触即発となっていた米朝情勢を何とか抑制させたい狙いがあったからだ。

すると北朝鮮は早速ロシアに接近し始めた。建国以来の「中国がダメならソ連に」というパターンは、今も変わっていない。変わったのは、ソ連崩壊により旧ソ連の一部が「ロシア」になっただけで、「北京がダメならモスクワを」というパターンは変わらないのである。

5日後の4月19日、ロシア極東にあるウラジオストクと北朝鮮北東部の経済特区、羅先《ラソン》との間に5月8日から定期航路が開かれることが発表された。運航に関わるロシア企業側が明らかにした。日本への入港が禁止された貨客船「万景峰《マンギョンボン》」を使い、月に約6往復するとした。結果的に5月18日から実行され、万景峰号はウラジオストクに入港した。両国間で客船の定期便が運航されるのは初めてのことだ。北朝鮮は観光によって外貨を稼ぐことができるようになる。

一方、第2章の最後に書いたように、「環球時報」は5月4日、「中朝友好協力相互援助条約　中国は堅持していくべきなのか?」という社説を載せた。前述したが、中朝友好協力相互援助条約は1961年7月11日に調印された条約で、第二条に「参戦条項」がある。そのためこの条約を「中朝軍事条約」あるいは「中朝軍事同盟」と呼ぶことが多い。

第一条には「両締約国は、アジア及び全世界の平和並びに各国人民の安全を守るため、引き続きあらゆる努力を払う」という条項があり、20年ごとの更新で、これまで1981年、2001年に更新されてきた。現在は2021年まで有効ではある。

北朝鮮は明らかにこの第一条を破っているので、中国にはこの軍事条約を破棄する権利がある。

中朝軍事同盟破棄を示唆する中国の真意

「環球時報」の社説は以下のように書かれている(概要)。

——朝鮮半島問題が深刻化するにつれて、中朝条約は如何なる役割をしているのか、北京はこの条約に対していかなる考え方でいるのかに関して、早くから中国国内外の学者から議論が噴出していた。たしかにこれまで、中朝条約があるために朝鮮戦争以来、朝鮮半島で戦争が起きるのを防ぐ役割は果たしてきた。米韓が朝鮮半島を統一してしまおうとしても、中国の軍事力を考えて抑制してきた要素はある。中国にとっては、米韓と北朝鮮の間で戦争が起きたときに、そこに巻き込まれてしまうという不利を招くものではあるが、この役割を考えると、「ないよりはいい」と考えられてきた側面は否めない。

しかし北朝鮮は核を保有しようとして、自ら地域の安全を破壊し、中国の国家安全を損ねており、この行動は明らかに中朝条約の趣旨に違反している。国連安保理の決議に反して核・ミサイルの開発を強化し米朝の軍事的衝突を惹起《じゃっき》しているのも条約違反だ。

北朝鮮は核実験やミサイル開発を停止し、米韓は北朝鮮を攻撃するための軍事的威嚇を停止しなければならない。万一、米朝間に戦争が発生したら、隣接する中国は大きな被害にあうリスクを常に孕《はら》んでおり、中国としてはどの国が中国の利益を損ねるような行動をしたとしても、絶対に反対する。

中国は決して自国の東北地方（黒龍江省、遼寧省、吉林省）が北朝鮮の核実験で放射能汚染されることを容認することはできない。どの国も中国を追い込むことはできず、ひとたび判断ミスを起こしたら、中国の決心と爆発力は、大きな代償を支払わせることになるだろう。

「中朝条約を堅持すべきか?」という逆説的表現ではあるものの、これは事実上、「破棄すべきではないか」という中国の姿勢を示したに等しく、それを中国共産党系の「環球時報」が表面化させた意義は大きい。

筆者はその昔、中国政府のシンクタンク・中国社会科学院の社会学研究所で客員教授および研究員を務めていたことがあるが、それが終わる頃の2003年、同じ中国社会科学院の世界経済政治研究所の学者が「中朝条約の第二条(参戦項目)を削除すべきではないか」という論文を出していた。

中国政府のシンクタンクではあるが、必ずしも政府からのトップダウンの研究ばかりではなく、胡錦濤政権時代の2008年までは割合に自由な意見を中国政府に対して提案する論文が許されていた。筆者の研究室は北京の北京国際飯店の二軒隣りにある本部の10階にあり、世界経済政治研究所は、その下の階にあったように記憶する。

エレベーターや食堂などで論文を書いた学者と一緒になったりして、この論文に関して話し合ったこともある。それは中朝条約破棄ではなく、中朝条約の第二条の「参戦項目」

を削除して中朝軍事同盟から逃れないと、中国の国益に反するし、国連安保理常任理事国なので、国連での決議に支障を来《きた》して、国際社会における中国の立場を損ねるというものだった。

以来、中国の内部では、中朝軍事同盟を破棄すべきか否かというのは、そう突飛《とっぴ》な、口にしてはいけないタブーのような存在ではなくなってきていた。

中国が持つ三枚の対北朝鮮カード

いま中国は北朝鮮に対して強烈な三枚のカードを持っている。

一枚目のカードは「断油」。すなわち北朝鮮への石油の輸出を完全に断つことだ。北朝鮮の石油のほとんどは中国に依存しているので、核・ミサイル開発は言うに及ばず、日常生活にも困難を来すだろう。ただし、北朝鮮北部のロシアとの国境近くには、ロシアの油田がある。また「北京がダメならモスクワに」という抜け道を選ぶかもしれない。

二枚目のカードは「中朝国境線の封鎖」だ。これは前述したように、１９６８年に毛沢東が実行したことがあるので、実現性は高いかもしれない。

三枚目のカードが、この「中朝軍事同盟の破棄」である。習近平政権になってから、ただの一度も中朝首脳会談を行っていないので、事実上、中朝関係は終わっているに等しい。それでも2016年7月11日には、互いに中朝友好条約に関する祝電だけは送っている。首の皮一枚のつながりだ。最後に望みをかけてみたのかもしれない。

しかし2017年4月6日、7日の米中首脳会談以降、米中は蜜月を演じている。その限りにおいては、中朝軍事同盟の破棄は北朝鮮に強烈な威力を発揮することになろう。つまり北朝鮮を絶望的なほど恐怖に追い込むだろうということだ。

中朝軍事同盟がなければ、中国はいざとなったらアメリカ側に付き、米中で北朝鮮を管理する政権を打ち立てることもできなくはない。ただ、この道を選ばないだろうと判断されるのは、日米同盟があるからだ。中国は、日本とはどんなことがあっても「組む」ことはない。米露が完全には接近できないのも、日米同盟があるからだ。

また、どんなに米中蜜月を演じて見せても、THAADの韓国配備に関しては、中国は絶対に譲らない。あくまでも反対だ。

そのような中、韓国では大統領選挙が行われようとしていた。投票日は5月9日。

韓国の有力世論調査会社リアルメーター社が5月1日および2日に行った調査によれば、左派系野党「共に民主党」の文在寅《ムンジェイン》が42・2%で、中道左派の「国民の党」の安哲秀《アンチョルス》の18・

６％を圧倒的な差で引き離した。その差は、韓国民がＴＨＡＡＤの配備に反対しているからで、トランプによるシリア攻撃以来、北朝鮮問題が一触即発の状況にあり、韓国民が戦争に巻き込まれるのを怖がっていることの、何よりの表れだと中国は分析した。

中国は文在寅を「親中、親北朝鮮（対話促進、融和策）、反日、ＴＨＡＡＤ配備反対」派と位置付け大歓迎。４月27日、トランプが「韓国は、ＴＨＡＡＤ配備の費用、10億ドル（約１１００億円）を支払うべきだ」と語ったことに対して、韓国民だけでなく、韓国外務省も「韓国政府が土地や基盤施設を提供し、ＴＨＡＡＤの展開と運用にかかる費用はアメリカが負担するというのが韓米の合意だ」と反発した。

４月28日に行われた大統領選候補者のテレビ討論会で、文在寅は早速、このトランプ発言を使って安哲秀を攻撃し、戸惑わせた。この戸惑いが安哲秀の人気を一気に下落させ、支持率に反映されてしまった。だからアメリカのＴＨＡＡＤ戦略が裏目に出たと中国は分析したのである。

韓国民の不満を利用した習近平

トランプ戦略が裏目に出たのはＴＨＡＡＤの経費要求を韓国にしてきたことだけではな

い。そもそもシリア攻撃を発端として北朝鮮包囲網を形成すべく動いたトランプの戦略は、実は韓国大統領選に影響を与えようとしたのだと、中国は見た。つまりＴＨＡＡＤ配備に反対あるいは慎重である文在寅が当選しないように、シリア攻撃をきっかけとして北朝鮮を追い込み、朝鮮半島情勢を緊迫化させることによってＴＨＡＡＤ配備を肯定せざるを得ない方向に持っていこうとした。結果、大統領選においてＴＨＡＡＤ配備に慎重な文在寅の当選可能性を下落させようと試みたと、中国は見ていたのである。

ところが、戦争になったら最大の被害を受けることが明らかな韓国民は、「戦争状態に入ることに恐怖を抱き、戦争反対の方に動いた」。それが文在寅の支持率を高めたので、シリア攻撃で韓国大統領選を左右させようとしたトランプの試みは失敗に終わったというのが韓国大統領選に対する中国の分析だ。

トランプの計算は逆効果を生み、ＴＨＡＡＤの経費をこの時点で韓国に要求したことは、トランプ流「ビッグ・ディール」としては大失敗だったと、中国は喜んだのである。特に中国自身が韓国へのＴＨＡＡＤ配備に対して、中国の軍事配置が丸見えになるとして強烈な不満を持ちながらも、米中首脳会談以降、トランプと習近平による米中蜜月を演じているために、以前のように激しく対米抗議ができなくなっていた。そのため、韓国民の不満を用いて、アメリカへの抗議を代弁してもらったという格好だ。トランプの褒め殺しにより、北朝鮮包囲網を狭める方向で動いている中国だが、何と言っても中国が望む着地点は、米朝会談であって、全面戦争だけは絶対に反対なのである。

一方、米海軍の原子力空母「カール・ビンソン」まで繰り出して、史上最大規模の米韓合同軍事演習を断行したアメリカだったが、そして「あらゆる選択肢はテーブルの上にある」と言い続けたトランプではあったが、途中で戦争に入った時の日米韓が受ける被害を考えたのか、「条件が揃えば、金正恩との対話もないではない」といった趣旨の発言をするようになった。

そこで中国は5月3日から韓国と北朝鮮に呼びかけて、5月14日と15日に北京で開催する「一帯一路国際協力サミットフォーラム」に参加するよう促《うなが》し始めたのである。

韓国は朴槿恵政権時代にＴＨＡＡＤ配備に賛同したので、それ以降中国は韓国に対する経済制裁などの手段に出て、一帯一路サミットフォーラムには招聘状《しょうへいじょう》を出していなかった。しかし文在寅の大統領当選がほぼ確定したと思った中国は、５月８日に韓国を招聘することを決定し、５月９日には、なんと、北朝鮮を招聘することを発表した。

これが習近平へ痛恨の一撃として跳ね返ってくるとは、このとき夢にも思っていなかっただろう。この「痛恨の一撃」により、習近平の計算は狂い、北朝鮮問題は混迷を極めている。中国が北朝鮮をコントロールできないことが判明したからだ。着地点を模索する新たな段階に世界は追い込まれた。

北朝鮮の核の脅威を許さないために

本来、日本はソ連崩壊の時点で、在韓米軍を撤退させるべく、アメリカを諭すべきだったのではないだろうか。在韓米軍はソ連に対抗するためにいたはずだし、何よりも朝鮮戦争休戦協定の冒頭には、「平和的解決」に向けて、休戦協定が暫定的に存在することを示唆する文言《もんごん》がある。つまり「平和条約」を結ぶことが大前提で、しばらく互いに一切の軍事行動をやめ、朝鮮半島にはいかなる他国の軍隊も置かないというのが、休戦協定の絶対的条件なのだ。アメリカはその休戦協定に署名しながら、同時に「軍隊を朝鮮半島から撤退させず、軍事行動もやめない」と約束した米韓相互防衛条約に署名している。その第二条には「武力攻撃を阻止するための適切な手段を持続的に発展させる（＝強化させる）」という文言があり、米韓軍事演習も正当化している。

この根本的な矛盾がこんにちの朝鮮半島問題の根底にある。米ソ対立のなかにおける当時のアメリカの政治判断は理解できるが、ソ連崩壊の時点ならば、中国経済もまだ脆弱《ぜいじゃく》で、北朝鮮の核・ミサイルの威力も、こんにちまでの状況には至っていなかった。実は、米韓の間には1950年1月に締結した米韓軍事協定があったが、韓国の北進を防ぐ目的から、韓国軍には不十分な兵力しか与えられず、北朝鮮の突然の攻撃に対して米韓は無力だった。アメリカのために弁解すれば、アメリカもまた第三次世界大戦が起きるのを防ぎたかったのである。金日成が自らの脆弱な政権基盤を強化するために朝鮮戦争を始めたのだから、朝鮮半島問題の原因は北朝鮮、金日成側にあることは明らかだ。

しかし朝鮮戦争が起き、その休戦協定に署名した以上、アメリカも国際法的にはその休戦協定を守らなければなるまい。

1993年に平時の韓国軍の作戦統制権が韓国軍に移管され、戦時作戦統制権についても、2012年に米韓連合司令部（在韓米軍）から韓国軍に移管される予定となっていたが、2015年末に延期されている。その後、さらに2020年代中ごろまで延期された。権利移譲は、北朝鮮の脅威に対処する十分な防衛能力を韓国軍が備えることが前提だ。

権利移譲は在韓米軍の撤退につながり、その間、アメリカの一部では「休戦協定から平和条約」への検討がなされてきた。平和条約を締結するには北朝鮮の核・ミサイル放棄が前提だとトランプは言う。それは同感ではある。しかし、北朝鮮問題がここまでこじれてしまった原因と経緯を直視すれば、アメリカにもそれ相当の責任はあるはずだ。

われわれは北朝鮮の核の脅威の下で生きていたくはない。しかし平和条約締結まで北朝鮮に時間を与えれば与えるほど、その間に北朝鮮に核・ミサイル能力を高める時間を与えることになる。そのことを肝に銘じなければならない。

第4章
中国の野望、世界のリスク

1．「一帯一路」構想とは何か

「一帯一路」構想とは何かを、形だけで表現すれば「21世紀の陸と海の新シルクロード経済構想」ということになる。「一帯」は中国から中央アジア、中東を通ってヨーロッパに達する陸上の経済ベルト（帯）を指し、「一路」は南シナ海やインド洋を経てアフリカに達する海上の経済海上路を指す。英語では〝One Belt and One Road〟と表記されていたが、最近はベルトとロードが右に左にと突起を伸ばして一本の線ではつなげにくくなったこともあってか〝One〟を付けなくなり、〝BELT and ROAD〟（B&R）と表記されることが多くなってきた。この突起は陸上（ベルト）では「中国―中央アジア―中東―ヨーロッパ」を結ぶ経路に、突然、ロシアのモスクワへの経路が加わり、北東の方向に突起を伸ばす形になったためである。これは習近平とプーチンとの関係で、勢力範囲に衝突が起きないように配慮したためだ。

実は2014年3月24日、ウクライナ危機を巡り、G7（主要7カ国）がオランダのハーグで緊急首脳会議を開き、ロシアをＧ８（主要８カ国）の枠組みから除外することに言及すると、プーチンは激怒。同年5月29日、ロシアの主導で中央アジア諸国とともにカザフスタンのアスタナで「ユーラシア経済連合」（露、カザフスタン、ベラルーシ、アルメニア、キルギス）を創設した。２０１５年5月8日にはプーチンと習近平の間でユーラシア経済連合と中国の一帯一路構想を連携させる共同声明を発表。

さらにプーチンは、２０１６年6月17日にロシアのサンクトペテルブルクで開催した国際経済フォーラムで、次に述べる上海協力機構を通して中国やインド、パキスタンなどを取り込み、「大ユーラシア経済パートナーシップ」に発展させる構想を打ち出した。このことに関してロシアとの強い連帯感を示すため、一帯一路の沿線図が「モスクワ」に向けて「突起」を描いているのである。

海路（ロード）に関しては、本来、広東省の広州辺りから出発して「中国―南シナ海―インド洋―アラビア海―紅海―地中海―ヨーロッパ」とつながっていた経路が、南シナ海からいきなり「南太平洋」へと突起を伸ばして、南太平洋諸国を取り入れようとし始めたからだ（なお最近では広東・香港・マカオの経済協力を強化する「大湾区開発計画」も進んでいる。実際上、一国二制度を実施している香港やマカオの特別行政区を呑み込んでしまう狙いだ）。

２０１４年11月11日にＡＰＥＣ（アジア太平洋経済協力会議）首脳会談を終えた習近平は、14日から16日までオーストラリアで開催されたＧ20サミット（20カ国・地域首脳会合）に参加したあと、19日から21日にかけてニュージーランドを訪問した。習近平はあくまでも「海のシルクロード」の一環として経済的パートナーを強調したが、内実はオーストラリアとニュージーランドがアメリカと締結しているＡＮＺＵＳ（太平洋安全保障条約）を睨《にら》んでいることは明らかだ。

全地球を手中に収める中国の野心

習近平が次に訪れたのはフィジーである。21日から23日の訪問の中で、バイニマラマ首相と会談したが、フィジーの歓迎ぶりは尋常ではなく、バイニマラマ首相は習近平の希望に応じて「パプア・ニューギニア、バヌアツ、ミクロネシア連邦、サモア、トンガ、クック諸島、ニウエ」およびフィジーを交えた「南太平洋８カ国」との首脳会談をプレゼントしたのである。これらの国の総人口はわずか８１５万人で、総面積は50万平方キロメートル、中国国土面積の５％にも満たない。

しかし中国にとっては非常に重要な意味を持った島嶼《とうしょ》国なのである。サンゴを含めた漁業資源やレアメタルなどの海底資源以外に、何といっても見逃してならないのは、これらの島嶼国をつなぐと、それはまさに「第二列島線」そのものであるということだ。

第二列島線とは日本の伊豆諸島を起点として、パプアニューギニア周辺を終点とする中国の海洋防衛線の一つである。１９８２年に当時の中央軍事委員会副主席であった劉華清《りゅうかせい》が提案したラインだ。第１章で中国が「第一列島線に常駐するのはすでに常態化し、次に狙うのは第二列島線だ」と書いたのは、こういった伏線があるからである。

さらに第二列島線に沿うオセアニアには、ソロモン諸島やパラオ共和国、ナウル共和国など、台湾と外交関係を結んでいる国が数カ国ほどある。「一つの中国」原則を断固譲らない中国は、さまざまな意味で「第二列島線」は中国の勢力図の中にあるかのごとき印象をアピールしている。中国は南太平洋を「中国の裏庭」と称して位置づけることもある。

なお、後述する一帯一路サミットフォーラムに参加した国の首脳の中には南太平洋のフィジーが含まれており、さらに南米のチリやアルゼンチンの首脳も参加している。フィジーを含めて正式に調印されたのはサミット寸前で、その中にはオーストラリアの北部大開発や東ティモールなども含まれている。

一帯一路が描く海路は、アフリカ大陸にまで延びており、西側の終点がヨーロッパであることを考えると、ほぼ全地球を手中に収めようとする中国の野心がみなぎっていることが読み取れる。一帯一路参加国とは、「メンバーとしての加盟国」という位置づけとはちがうと中国は常に言っており、「いつでもオープンだ」としているが、一応、65カ国の参加国・地域を、中国では以下のように分類する。ただし、これはサミット開催前の情報で、おまけに政府の公式ページには載せず、研究者などに書かせるという手段を取っている。

●東アジアとASEAN（計12カ国）：中国、モンゴル、ASEAN10カ国（シンガポール、マレーシア、インドネシア、ミャンマー、タイ、ラオス、カンボジア、ベトナム、ブルネイ、フィリピン）

●西アジア（18カ国）：イラン、イラク、トルコ、シリア、ヨルダン、レバノン、イスラエル、パレスチナ、サウジアラビア、イエメン、オマーン、アラブ首長国連邦、カタール、クウェート、バーレーン、ギリシャ、キプロス、エジプトのシナイ半島

●南アジア8カ国：インド、パキスタン、バングラデシュ、アフガニスタン、スリランカ、モルディブ（モルジブ）、ネパール、ブータン

●中央アジア5カ国：カザフスタン、ウズベキスタン、トルクメニスタン、タジキスタン、キルギス（キルギスタン）

●独立国家共同体7カ国：ロシア、ウクライナ、ベラルーシ、グルジア（ジョージア）、アゼルバイジャン、アルメニア、モルドバ

●中東欧16カ国：ポーランド、リトアニア、エストニア、ラトビア、チェコ、スロバキア、ハンガリー、スロベニア、クロアチア、ボスニア・ヘルツェゴビナ、セルビア・モンテネグロ、アルバニア、ルーマニア、ブルガリア、マケドニア

結果的に現時点では70カ国・地域ということになる。

中国では一帯一路はＡＩＩＢ（アジアインフラ投資銀行）とペアで位置づけているので、ＡＩＩＢに加わる西側諸国（日米を除くＧ７）との連携において、中国の視野は全世界を見渡している。特に一帯一路戦略の中には、「長吉開発開放先導区」を含む「北線Ａ計画」というのがある。それは「北アメリカ（アメリカ、カナダ）―北太平洋―日本＆韓国―日本海―ロシアのウラジオストク―琿春《こんしゅん》（中国吉林省延辺朝鮮族自治州の東端にある都市）―延吉―吉林―長春―モンゴル―ロシア―欧州（北欧、中欧、東欧、西欧、南欧）」をつなぐ路線だ。これを狙おうと、中国は虎視眈々《こしたんたん》と、日本やアメリカなどをうまく誘導しようとしている。これが如何に危険なことであるかは、本章の後半で述べる。

中国の統計によれば、これら沿線国の総人口は44億人で、世界総人口（人類）の63％を

占める。習近平は、その頂点に立とうとしているのである。

相手国を借金地獄に追いやる中国の手法

ただ開発途上国あるいは新興国が多いため、GDP規模は21兆ドルと、全世界の29%でしかない。だからなおさらのこと、日米を取りこみたくてたまらないのだ。発展途上国は「バスに乗り遅れまい」と必死だ。その心理を利用しているのが中国の戦略なのである。

中国は、これら沿線国において、中国主導で「鉄道、道路、空港、港、パイプライン、通信ネットワーク(インターネット回線)、航路の整備」などのインフラ投資と建設を行うというハード面とともに、「貿易」と「文化」というソフト面が重要だと説いている。

このうち「文化」に関しては、「戦わずして勝つ最高の武器」という、恐ろしいまでの戦略と野心が内包されているので、この点に関しても後述する。

中国側の内部事情から言うと、中国の国有企業で過剰生産となって持て余している鉄鋼やセメントなど、インフラ建設に必要な製品のはけ口を見出《みいだ》すことが大きなプッシュ・ファクターになっている。

第3章でも述べたが、中国国内には中央政府が直轄する100社強の中央国有企業があるが、それ以外にも地方政府が管轄する10万社以上の地方国有企業があり、その多くは、いわゆるゾンビ企業となって中国の内政を危うくしている。閉鎖すれば多くの失業者が出て社会が不安定になる一方、閉鎖しなければ地方財政を圧迫して経済が崩壊するので、中国の国家運営に危機をもたらす。そのため中国政府は企業の海外進出を後押ししたり、中国国内に巨大な物流拠点を作って中国内陸部の開発を助ける役割も負っている。また海上輸送に頼る原油や天然ガスの陸上輸送網を整備するのも、その目的の一つに挙げられる。

対外的にはＡＩＩＢとペアで「中国に頼るしかなくなる国」を増やすことによって、沿線国の覇者になろうという野望を隠し持っている。習近平は一帯一路に投資するシルクロード基金を７８００億元（約12兆８千億円）追加するとしているが、その用途を見ると、明らかに中国の軍事的覇権を狙っているとしか解釈できないものが少なくない。後述するように、高い利子で相手国に融資して採算の合わない港を建設しては、相手国を借金地獄に追いやり、それを見て、「それなら中国が経営権を買い上げて借金を帳消しにしてあげましょう」と親切ごかしに言っては、そこを軍港化していくという例が散見される。

その意味で、一帯一路構想は、中国の覇権を実現し、「中華民族の偉大なる復興」を叶えるための道具であるといえる。

2. 一帯一路構想はいつから練り出されたのか

一帯一路構想のスタートと経緯を見ると、中国の意図がもっと明らかになる。

習近平は盛んに「これは私が思いついた構想で、私が付けた名前だ」と言っているが、それは二重の意味でちがう。

この構想は胡錦濤政権（国家主席：2003年〜2013年。中共中央総書記：2002年〜2012年）時代に、すでに胡錦濤が「新シルクロード経済ベルト」という言葉を使って提唱していた。

たとえば今では陸の新シルクロード経済ベルトの象徴として有名になっている「重慶市とドイツのデュースブルクを直結する渝新欧《ユーシンオウ》」という鉄道路線があるが、これは胡錦濤時代の2011年3月に正式に開通したものだ。敷設《ふせつ》工事に着工したのは2009年、計画は当然、さらに前から練られている。「渝新欧」のうち、「渝」は重慶、「新」は新疆《しんきょう》ウイグル地区、「欧」は欧州、ヨーロッパを表す。

「新疆ウイグル地区」という言葉から連想されるのは、ソ連が崩壊した後に誕生した中央アジア諸国で、これはすなわち、「新シルクロード経済ベルト」構想が、実はソ連が崩壊した瞬間から始まっていることを示唆する。

１９９１年12月25日に旧ソ連が崩壊した際に分離独立した国の中に「カザフスタン、キルギス、タジキスタン、トルクメニスタン、ウズベキスタン」などの中央アジア５カ国がある。それまで旧ソ連と対立していた中国は、ソ連が崩壊するや否や、中央アジア５カ国を一週間（12月25日〜翌年１月２日）ですべて訪問するという凄《すさ》まじい勢いで回り、１９９２年には国交を樹立した。以来、貿易を始めとした様々な交流を深めるようになった。

２００１年になると「中国、ロシア、カザフスタン、キルギス、タジキスタン、ウズベキスタン」の６カ国による多国間協力組織である「上海協力機構」を設立し、その後「国際テロ、民族分離主義、宗教過激主義」への共同対処を決定（トルクメニスタンは中立を宣言し客員参加に留めている）。

中央アジア５カ国は何としても中国を頼りに経済的に這《は》い上がりたいと思っていた。というのも、中央アジアは、西側のＥＵ経済圏と勢いを増す東側のアジア太平洋経済圏の狭間で、「経済窪地」になっていたからだ。

一方、この中央アジア5カ国には、中国が喉から手が出るほどほしい石油、天然ガス、レアメタルなどの地下資源が豊富に眠っている。資源を持ち、開発途上であるということはすなわち、豊かな潜在力を持っていることを意味する。ここは世界で最も高いポテンシャルを持つ黄金の経済ベルトと中国は睨《にら》んだ。

中国はいち早くこの地に手をつけた。

ロシアやインドなどの他国を通らずに中央アジア諸国から直接パイプラインを敷けるのは「新疆ウイグル自治区」しかない。

巨大中継点は新疆ウイグル自治区

2004年7月に中国石油天然ガス勘探開発公司（CNODC）とカザフスタン国家石油運輸株式会社（KTO）が共同で「中哈管道有限責任公司」（KCP）を設立して、全長2798キロのパイプラインを敷設し、年間2000万トンの原油輸送を可能にした（哈＝カザフスタン）。パイプラインは2006年5月に開通。始点はカザフスタンのアタスで、終点は新疆ウイグル自治区のイリ・カザフ自治州にある阿拉山口《アラサンコウ》だ。年間5000万トンの原油を輸送している。

またトルクメニスタンなどからは天然ガスのパイプラインを敷設し、2009年末から2013年8月までに累計600億立方メートルの天然ガスを輸送している。これは中国の2010年の総生産量の半分に匹敵《ひってき》する。巨大中継点は新疆ウイグル自治区のコルゴス。全長1833キロ、年間輸送量300億立方メートルに及ぶ。

中国国内ではウイグルを起点として上海や広東省など、電力消費の最も多い東海岸に送られ、経済活動を支えている。

「渝新欧」は、重慶市を出発して、西安、蘭州《らんしゅう》、ウルムチ（新疆ウイグル自治区）を経て北《ほく》疆《きょう》鉄道を西に越え、同じくウイグルの阿拉山口を経てカザフスタンに入り、ロシア、ポーランドを通り、ドイツのデュースブルクに到達する。全長1万1179キロで、開通したときは世界最長路線の一つだった。

この路線を使えば、東南アジアを回って海に出る必要もなく、それまで38日間かかった旅程も、16日に短縮される。途中でいくつもの国境を越えるので、その度に運航規則が変わり、運転手を換えるので16日間かかってしまうという。全長750メートルの貨物列車が、週3回ほど往復する。

世界有数の河港を持ち、ルール工業地帯の要衝《ようしょう》であるデュースブルクには、重慶市からだけでなく、北京市および上海市からも直通の列車が出ている。

中国の東側はアメリカが押さえていたので、中国は西へ西へと勢力を伸ばしていったのである。ここまでの構想と実績は、すでに胡錦濤政権時代に達成されていた。

私事で恐縮だが、まだ「一帯一路」という言葉が出てくる前に、筆者は「新シルクロード経済ベルト」に関して書いたこともあれば講演したこともあるが、周りの反応は今ひとつ。誰も注目しようとしなかった。ただ中国は敏感にこの情報をキャッチしており、中国のネット上に「遠藤誉という者が、中国の新シルクロード経済ベルトに注目している」と書かれたことがある。

胡錦濤が使っていた「新シルクロード経済ベルト」を海路にまで延ばし、「陸と海の新シルクロード経済ベルト構想」として「一帯一路」という言葉を使い始めたのは、たしかに習近平政権に入ってからだ。ただ、習近平が「これは私が思いついた構想」というのは間違いで、命名も、習近平のあのブレーン、王滬寧《おうこねい》によるものと考えていいだろう。

そしてこれはアメリカを中心としたAPEC（アジア太平洋経済協力）やTPP（環太平洋パートナーシップ）に対抗して生まれたものといえる。

一帯一路のスタートは上海協力機構

これらの経緯から分かるように、一帯一路のスタートは上海協力機構だということができる。

２０１７年6月7日、カザフスタンのアスタナで上海協力機構首脳会談が開催された。プーチンと習近平による中露首脳会談が行われたが、二人は「上海協力機構こそは一帯一路構想のスタートだった」という認識を共有した。中国のＣＣＴＶが伝えた。

今回の上海協力機構首脳会談には、プーチンの「大ユーラシア経済パートナーシップ」構想に合わせて、新たにインドとパキスタンが正式に加盟した。これはすなわち、ロシアをＧ８から外し、ロシアに対する経済封鎖をヨーロッパ諸国にも強要したアメリカ（オバマ前政権）に対する報復であり、ＮＡＴＯに対する安全保障上の上海協力機構の位置づけを、より明確にしたものでもある。

日本はこれらの事実を直視して「一帯一路とは何か」を、正確に認識しなければならない。

インド、パキスタン加盟後の拡大上海協力機構は、世界で人口が最多で、面積が最大の地域協力組織となる。世界人口の約半分、ユーラシア大陸の5分の3の面積を占めるという。その組織名に「上海」という、中国の都市名を冠していることに、中国はご満悦だ。

なお、上海協力機構首脳会談の閉幕に当たって採択されたアスタナ宣言には、「一帯一路構想を歓迎し、2017年5月14日から15日にかけて開催された一帯一路国際協力サミットフォーラムの成果を共に推進していくこと」という主旨の文言《もんごん》が入っている。

一帯一路とは、NATOに対峙《たいじ》するものとして創設された上海協力機構に原点を置いているということを、日本政府は肝に銘じてほしい。

まだ習近平が国家副主席だったときの2012年2月13日、彼はアメリカを訪問して、当時のオバマ大統領やバイデン副大統領などと会談している。この年の第18回党大会で習近平が中共中央総書記に選ばれ、翌13年3月の全人代（全国人民代表大会）では国家主席に就任することは分かっていたので、胡錦濤は国家主席として習近平に「新型大国関係」という言葉をプレゼントしていた。これもまた当時は胡錦濤のブレーンを務めていた王滬寧による新語だった。2010年からGDP規模で日本を凌駕《りょうが》した中国は、「アメリカに追いつけ追い越せ」という国策を内に秘めていた。

オバマ前大統領はTPP推進に当たり、幾度となく「世界の貿易ルールは中国ではなくアメリカが形成しなければならない」と言ってきた。安倍首相も「自由貿易やフェアで公正なルールを世界に広めていく道につながる」とＴＰＰの意義を強調してきた。そこには知的所有権や普遍的価値観などの価値観外交が内包されており、それらに対して否定的な中国を封じ込める意味合いを持つ。もちろん中国はＴＰＰ参加国ではない。したがって中国はＴＰＰを「経済的な対中包囲網であり、世界の貿易政策に対するアメリカの支配を強める手段だ」とみなしていた。

そのため習近平は２０１４年11月に北京で開催されたアジア太平洋経済協力会議（ＡＰＥＣ）で、「アジア太平洋自由貿易圏（ＦＴＡＡＰ）の早期実現」を「北京ロードマップ」と名付けて強調した。ＦＴＡＡＰはＡＰＥＣのすべての国と地域を対象とした自由貿易圏を指す。アメリカは難渋《なんじゅう》を示したものの、北京ロードマップは北京ＡＰＥＣで採択された。

２０１６年11月19日と20日にペルーのリマで開催されたＡＰＥＣ首脳会談では、習近平は「ＦＴＡＡＰを断固推進する」と強調してＡＰＥＣの主導権を握り、北京ロードマップは「リマ宣言」として採択された。まるでアメリカに代わって中国がＡＰＥＣの主人公になった感が、そのとき既にあった。なぜなら11月８日にはトランプがすでに大統領に当選しており、選挙中からＴＰＰ脱退を宣言していたからである。

FTAAP推進に当たり、中国には二つの目論《もくろ》みがある。一つは東アジア地域包括的経済連携（RCEP）で、もう一つはG77（発展途上国77カ国グループ）だ。

RCEPには東南アジア諸国連合（ASEAN）をはじめ中国、日本、韓国などが参加しているが、アメリカは加盟していない。したがってRCEP内で経済規模が最も大きい中国がリーダーシップを取ることになる。つまり、アメリカがTPPでなんとか避けようとした「中国が貿易ルールを形成する」事態になるのである。

その趨勢《すうせい》を先読みして、ペルーなどもRCEP加盟を申し出て、ペルーの国会で習近平に演説をさせるなどして持ち上げた。

二つ目のG77は、国連に加盟しているアジア、アフリカ、ラテンアメリカの発展途上国77カ国によって形成されたグループで、中国は「G77＋China」という枠組みを構築して発展途上国の頂点に立ち、世界をリードしていこうとしている。

2016年11月8日のトランプの大統領当選を受けて習近平がトランプに送った祝電にも、また同年11月14日の電話会談においても、習近平は中国を「世界最大の発展途上国」という言葉で表現している。これは卑下《ひげ》ではなく、先進国の経済成長が限界に来ているのに対して、発展途上国の経済はポテンシャルが高く、中国は発展途上国側にいることを以《もっ》て、逆に世界のリーダーたり得ることを示したいからなのである。

「アメリカの裏庭」もターゲットに

Ｇ77は１９６４年に設立されたので、中国（中華人民共和国）はまだ国連に加盟していなかった。だから中国はＧ77加盟国ではない。１９７１年10月に「中華民国」に代わって国連に加盟しながら、それでも中国はＧ77に加盟しようとはしていない（Ｇ77参加国は２０１２年現在で１３２カ国になっているが、名称はそのまま）。

「自分は小さな発展途上国ではない」という気概と、やがて「Ｇ77＋Ｃｈｉｎａ」という形で世界をリードしていこうという戦略があったからだ。

２００５年に立ち上げた「Ｇ77＋Ｃｈｉｎａ」構想を、当時の胡錦濤国家主席は「国際新秩序」と位置付け、ＲＣＥＰやＦＴＡＡＰでも中国の指導的立場を強固にしようとしてきた。一帯一路は、この「国際新秩序」の流れの中にあるという見方もできる。

ラテンアメリカも大きなターゲットだ。習近平は国家主席になってからラテンアメリカ10カ国を訪問し、２０１５年１月には「中国・ラテンアメリカ・カリブ諸国共同体フォーラム」第１回閣僚級会議を北京で主催した。トランプが冷遇する「アメリカの裏庭」をしっかりつなぎとめ、強固な地盤を形成する狙いだ。中国は発展途上国を掌握した上で、今後の発展ポテンシャルの高さを見せて、西側先進諸国をも中国の経済構想の中に巻き込む戦略を練っていた。

中国より西側は「一帯一路（陸と海のシルクロード）」構想でヨーロッパまでをつなぎとめているので、東側も中国の舞台となれば、グローバル経済において中国の一人勝ちになると、中国は意気込んでいたのである。

3. グローバル経済の覇者を狙う

ましてやトランプ大統領の誕生によって、アメリカがＴＰＰから離脱することが鮮明になったのだ。中国にとって、こんなに嬉しいことはない。大統領就任式を３日後に控えた２０１７年1月17日、習近平はスイスのダボス会議に出席し、基調演説を行った。トランプ次期政権が保護貿易に向くなか、まるで「中国こそはグローバル経済の旗手」と言わんばかりの勢いだった。

中国の国家主席がダボス会議に出席するのは初めてのことで、スイスは「アメリカを除いた世界最強の経済国家」の代表として、国を挙げての破格の厚遇で習近平を歓待した。

基調講演ではトランプ次期政権を念頭に、「反グローバル化」「保護主義」を批判。そして「現在、世界で起きている多くの問題は、決して経済のグローバル化がもたらしたものではない」とした上で、「中国は一貫して開放的でウィン―ウィンの地域自由貿易を貫き、排他主義に反対し、人民元を操作して貿易競争力を高める考えなど毛頭なく、ましていわんや、通貨戦争をする気などはまったくない」と主張した。

2017年のダボス会議の開催日は1月17日から20日までだ。最終日ギリギリまでオバマ政権時代の範囲内に入っている。本来なら1月下旬に開催されるはずだったが、あえて前倒ししたのは、トランプ政権に入る前に習近平が参加して、グローバル経済の旗手としての役割を果たしたかったからだろう。

一部には、中国の春節(2017年は1月28日)を避けるため、スイス側の厚意から前倒ししたのではないかと言われているが、筆者はそうは思わない。

グローバル経済を牽引《けんいん》したオバマ政権が終わり、「アメリカ・ファースト」を掲げて保護主義に向かうトランプ政権が誕生する前の、こんな「奇跡的な間隙《かんげき》」を縫って開催できたのは、第1章で述べた清華《せいか》大学経営管理学院顧問委員会にスイスの金融グループ、チューリッヒ・インシュアランス・グループCEOがいるのと、顧問委員のシュワルツマンが、この「グローバル経済」の象徴であるようなダボス会議に関わっていたからだ。

この「鬼のいぬ間に」、アメリカに代わって中国こそが世界のグローバル経済を牽引していくのだというメッセージを、世界にアピールするための戦略であったと、筆者は見る。

トランプ次期大統領はこの日、イギリスのEU離脱を讃《たた》え、離脱者が続くだろうと言って、

ＥＵ加盟国に不快感を与えた。そしてダボス会議に参加していたＥＵ加盟国の代表らは、熱い拍手を習近平に送ったのだった。

これは、習近平にとって、５月14日、15日に開催する「一帯一路国際協力サミットフォーラム」の助走に過ぎなかった。

中国建国以来最大の行事――一帯一路サミット

４月半ばに入ると、中国の中央テレビＣＣＴＶでは、連日連夜、一帯一路サミットフォーラムに関する特集番組を組んでは、これでもか、これでもかと流し始めた。最終的に29カ国の首脳が集まり、１３０カ国の代表、計１５００人が集まることとなった。

ＣＣＴＶは何度も「これは中華人民共和国建国以来の最大の行事だ」と高らかに叫び続けた。

５月11日には米中首脳会談で宿題となっていた貿易不均衡是正に向けた「１００日計画」の具体案が発表された。中国はアメリカ産牛肉の輸入再開を表明した見返りに、一帯一路サミットフォーラムにアメリカ代表を派遣するよう中国は要求した。これは第２章で書いたように、４月７日の米中首脳会談において話し合われた内容で、ＣＣＴＶは米中首脳会談の主な収穫として、習近平がトランプに参加要請をしたことを大々的に報じたことからも、ほぼ見えていたことではある。

しかし開幕直前に発表したのは、それを中国の外交勝利とアピールしたかったからだろう。習近平が「建国以来最大の行事」と位置付けていた一帯一路サミットは、こうして華々しく幕開けを迎えようとしていたのである。

4. 習近平の顔に泥！ 開幕式直前に北朝鮮がミサイル発射

ここまでの準備をしてきたというのに、こともあろうに開幕式が始まる5月14日の朝5時28分頃、北朝鮮は西岸の亀城《クソン》付近から、１発の弾道ミサイルを東北東方向に発射した。

これだけ準備してきた晴れの舞台。かつ、習近平としては、トランプの期待に対する回答を「中国は北朝鮮に対話の道を選ばせることに成功した」という形で世界にアピールしたかったものと思う。

しかし、金正恩《キムジョンウン》はその習近平の顔に思い切り泥を塗った。これ以上恥をかかせる方法はないと言ってもいいほどのやり方で、習近平はメンツをつぶされたのだ。

習近平の開幕スピーチは、あちこちつまずきっ放し。「～年の秋（qiu-tian）」と言うべきところを「春（chun-tian）」と言いかけて「chun」まで言ったところで、「chun……、あ、qiu……qiu-tian」とシドロモドロになったり、「世界人民（shi-jie ren-min）」をうまく発音できず「shi…、shi-jie…」とつっかえるなど、こんな習近平は見たことがない。顔の表情もまるで放心したようで、目が虚《うつ》ろだった。

もう、「心ここに非ず」というほどの衝撃を受けていたにちがいない。

それにしてもなぜなのか。

経済制裁を受けているはずの北朝鮮の代表が、グローバル経済の真っただ中の会場にいる。そのようなチャンスを与えられていたのに、何が不満で、この晴れの日にミサイルを発射しなければならなかったのだろうか。

一方では経済制裁を強化し、一方ではグローバル経済のフォーラムに参加させるというのは矛盾しており、アメリカからの不満が噴出し、退場しようとするメンバーもあったと聞く。それを振り切って、中国は北朝鮮代表を招聘《しょうへい》した。

もちろん、北朝鮮という国は誰が何を言おうとも、核・ミサイル開発をやめず、もしかしたらトランプと米朝首脳会談を行えるかもしれないと睨んで、その際に北朝鮮に有利な条件を作っておこうという魂胆であることは、一つ考えられる。交渉のテーブルに着いたときには、核保有国として認めるしかないところまで持っていくつもりだろう。

こんな国が核保有国になったら、人類はその脅威の中で暮らしていかなければならず、絶対にあってはならない。しかしトランプは4月30日の取材で以下のように言っていたと

ＢＢＣが伝えている。

――（トランプ大統領は）北朝鮮の金正恩・朝鮮労働党委員長のことを「なかなかの切れ者」と述べた。金委員長が「かなりタフな相手」に囲まれながらも、若くして権力の座についたことに言及して発言した。また、ＣＢＳ番組「フェイス・ザ・ネイション」でさらに、北朝鮮の核・ミサイル開発について緊張が悪化するなか、トランプ氏は金委員長が正気かどうか「まったく分からない」と話した。「みんな彼のことを『正気なのか』と言っている。僕にはまったくわからないが、26か27の若者だったわけだ。父親が死んだ時。もちろんとてもタフな相手とやりとりしている。特に将軍とかそういう。それですごく若くして権力を掌握できた。大勢がおそらく、その権力を取り上げようとしたはずだ。叔父とかそういうほかのいろんな人が。それでもやってのけた。だから明らかに、なかなかの切れ者だ」

この情報を、金正恩はもちろんつかんでいるだろう。だから、会った日のために、さらに「切れ者である」ことをトランプに見せたいという気持もあったかもしれない。

習近平政権最大の判断ミス

最も大きな可能性としては、CNNが5月12日、中朝が水面下で取引していたことを暴露したことが考えられる。

北朝鮮は6回目となる核実験を実施すると、4月20日に中国政府に伝えたが、中国側は「もし核実験を実施すれば中朝国境の完全な封鎖と海のルートも完全にストップさせる」と北朝鮮側に警告したという。だから、北朝鮮は朝鮮人民軍建軍85周年に当たる4月25日前後には核実験を実施しなかったのかと、CNNの情報に接した人は思ったのではないか。

ティラーソン米国務長官は、4月27日放送のFOXニュースのインタビューで、中国が北朝鮮に対し「再び核実験を行えば『独自制裁』を科す」と警告したことを明らかにしていた。「中国側がアメリカに伝え、アメリカが日本にも伝えていた」とのこと。

この「独自制裁」こそが、「中朝国境封鎖」だったことになる。

ということは、北朝鮮は「中国の脅しに屈服した」ことを意味する。

そのようなことが、世界に、特に北朝鮮の国民に知られたら、金正恩の権威に傷がつく。

だから、「中国になど屈服していないぞ！」ということを示すために、この「中国建国以来、最大の事業」と習近平が位置づけた晴れの舞台を台無しにしてやった。

いずれにしても習近平政権最大の判断ミスだったことは確かだ。

習近平が判断ミスをした要因は、二つある。

一つは「金正恩という人物の人格を信じたこと」。

そして二つ目は、ティラーソンあるいはトランプの「口の軽さ」を熟慮し損ねたことだ。

ティラーソンが、いかに口が軽く、舞台裏をペラペラしゃべってしまう人物かは、米中首脳会談のあとの記者会見で思い知ったはずだ。

中国側がせっかく共同記者会見もせず共同声明も出さなかったというのに、ティラーソンは記者会見で習近平とトランプの夕食会での会話を公開してしまった。

またトランプは習近平と4月12日に電話会談したあとも、多くのアメリカメディアの取材を受けて、習近平との間の会話を隠すことなく喋っている。舞台裏をそこまでばらしていいのかと、本書の第2章で書いた通りだ。

だから、習近平は、トランプもティラーソンも、水面下の交渉をばらしてしまう人たちであることを思い知るべきだったのではないのか。

にも拘わらず、中朝間で水面下で交わした威嚇と譲歩という交渉内容を、アメリカに告げてしまった習近平の脇の甘さ。

かくなる上は、習近平が全責任を取らなければなるまい。

水面下で北朝鮮を脅した通り、「中朝国境を封鎖」すればいいのである。第3章に記したようにこれは過去にも取ってきた手段だ。

もしそのことに北朝鮮が激怒して、ミサイルを中国に向けるなら、中朝戦争も辞さない姿勢で臨むべきだ。そうしなければ金正恩の暴走は決して止まらない。習近平はこうした局面に立たされている。

ただ、2017年秋には5年に一回の党大会がある。党大会期間中はどんなことがあっても平穏無事に過ごさなければならない。だから中国は、それまでは何もできないのである。2018年3月には全人代（全国人民代表大会。日本の国会に近い議会）がある。それを過ぎてからでないと動けないだろうことを金正恩は見越して、それまでにミサイルの性能を上げておこうと、頻繁にミサイル発射実験を行っているものと解釈される。

5. 日本はＡＩＩＢに参加すべきではない

２０１７年5月16日、中国の中央テレビＣＣＴＶの全国ニュースは、自民党の二階俊博幹事長と習近平国家主席が対談する様子を大きく報道した。２０１６年6月に鳩山由紀夫元首相が、中国主導で設立されたＡＩＩＢの顧問となる国際諮問《しもん》委員会の委員に就任したときも同じだった。

中国は鳩山氏こそが日本最高の日中友好人士であると喧伝《けんでん》したし、今回も中国は二階氏を讃えている。鳩山氏はあのとき、「世界の多くの国々がＡＩＩＢに協力している。ＡＩＩＢは中国が主導するが、多くの国が中国主導のもとでアジアのインフラ整備を進めることは非常に重要だと考えている。ＡＩＩＢの重要性は世界が認めている。日米も参加すべき」と語っていた。

今般、中国が主宰する一帯一路サミットフォーラムに参加した二階氏も、ＡＩＩＢへの日本の参加に関して「どれだけ早い段階に決断をするかということになってくる」とした上で、「あまり大きく後れをとらないうちに、この問題に対応するというぐらいの心構え、腹構えが必要だ」と述べている。たしかに数の上では、日本主導のADB（アジア開発銀行）の参加国が67カ国・地域であるのに対して、AIIB参加国は2017年6月16日で80カ国・地域とADBを上回ってはいる。

しかし、AIIBが「一帯一路」構想とペアであることに、日本は気付いているだろうか？

中国は2015年3月、AIIBを定義づけるものとして「五通（通貨の相互流通、政策の疎通、道路の連通、貿易の順通、民心の相通）と一帯一路のもとに数十の国家が利益共同体、運命共同体、責任共同体を構成していく」と宣言した。2017年の4月からCCTVで特集され続けてきた一帯一路に関するシリーズでも、この「AIIBと一帯一路」が不可分の関係にあることを叫び続けてきた。

「AIIBと一帯一路」構想は、中国が陸と海の新シルクロード構想として「巨大経済圏」を謳《うた》いながら、実は安全保障に関して世界を制覇するもくろみで動いていることに、日本は目を向けなければならない。

その具体例を、いくつかご紹介しよう。

(1)スリランカの場合――まるで、新植民地化政策

たとえばスリランカの場合、南部にあるハンバントタ港は中国からの融資（年利７％弱）で建設された。完成しても船舶の利用が少ないため、ゴーストタウンならぬ「ゴースト・ポート」化している。

ハンバントタ港の建設は親中派のラジャパクサ前政権時代の２０１０年に始まった。しかし完成後、船舶の利用が少なく、「巨大なスイミングプール」と揶揄《やゆ》されたものだ。

２０１５年に「脱中国化」を謳うシリセナ政権が誕生したが、あまりの財政難に、結局「チャイナ・マネーに頼るしかない」現実を突き付けられ、２０１６年、11億ドルで港湾管理企業の80％を「99年間」中国企業に貸し出すこととなった。

中国はそこを狙っている。ゴースト・ポート化していいのである。いや、むしろその方が中国には都合がいい。「金で他国の土地、特に港を買える」のなら、こんな「すばらしいこと」はない。商売繁盛となれば、中国が租借《そしゃく》できなくなる。経営不振であればこそ軍港化でき、軍港化していけば、「真珠の首飾り戦略」は完成に近づいていく。

「真珠の首飾り戦略」とは香港からポートスーダンまで延びる中国の海上交通路戦略のこ

とを指す。もちろん「海軍の軍事的戦略」である。ポートスーダンは紅海に面した、スーダンの重要な港湾都市。本章の「1」で説明した一帯一路の海のシルクロード「中国（広州、福建、香港）―南シナ海―インド洋―アラビア海―紅海―地中海―ヨーロッパ」の中にある港の一つだ。インフラ投資に見せかけて、軍事戦略を遂行していく典型的な例である。そもそも、すでに2014年には中国の潜水艦が寄港している。

この首飾りを完成させるには、途中にあるパキスタン、スリランカ、バングラデシュ、モルディブなどを、まずは押さえておかなければならない。

南シナ海はフィリピンのドゥテルテ大統領を懐柔《かいじゅう》したので、すでに中国のものとなったと、中国は考えている。

「99年間」の意味

あとは、インド洋。

インド洋を制覇するには、南端に突き出ているスリランカの港を何としても押さえなければならない。そのためにハンバントタ港だけでなく、その隣にあるスリランカのコロンボも中国の支配下に収める必要がある。そこで、習近平は2014年9月からコロンボ港の傍に埋立地を整備し、「ポート・シティ」を建設するため14億ドルの予算を注ぐことを決定した。

2015年、シリセナ政権で工事は一時中断されたが、財政難で、これもまた「99年間」の中国への貸与ということになった。投資したのは中国の中央所属国営企業（中国交通建設）だが、これは中国という国家が港と埋立地を所有したに等しい。

この「99年間」！

これはアヘン戦争後の1898年に、イギリスが香港を清朝《しん》政府に割譲《かつじょう》させ、「99年間の租借《そしゃく》」を決めた数値と一致する。香港は99年後の1997年に中国に返還されたが、それまで「99年間」、イギリスの統治下に置かれたことは、今さら言うまでもないだろう。その証拠に、中国は今、ハンバントタ港など、「99年間」の経営権を買った港に、治外法権さえも要請している。

一帯一路とAIIBは、中国の「新植民地化政策」以外の何ものでもない。

習近平政権の国家スローガンは、「中華民族の偉大なる復興」と「中国の夢」。

「偉大なる復興」は「アヘン戦争をきっかけに列強諸国により中国は植民地化されたが、これからは中国の時代。その復讐をして、今度は中国が経済的に植民地化してやる」という心を内に秘めている。

それが如実に表れているのが、この「99年間」という数値なのである。これは新たな形の「租借」で、これらを拠点に中国は港を軍港化し、中国の安全保障を確保していく野心を「美辞麗句《びじれいく》」の下に隠しているのである。

(2) インドは一帯一路サミットフォーラムに代表を送らず

そのことを明確に認識しているインドは、このたびの一帯一路サミットに代表を送らなかった。中国が「真珠の首飾り」と称されている安全保障(=軍事)戦略を、一帯一路の「海の新シルクロード」に含ませていることを、インドは見抜いているからだ。

インドは長いことイギリスの植民地だった。イギリス領インド帝国あるいは英領インドとして1858年から1947年までイギリスの支配下にあった。そのときイギリスはインドの農民に「高い税金を課しておきながら、税金を払えない農民の土地を差し押さえる形」でインドを植民地化していった。インドにはその苦々しい経験がある。だから中国の「高利子融資で建設させておきながら、相手が借金地獄に陥《おちい》ると、99年間借り上げる」という手段が、かつてのイギリスの植民地化手段とまったく同じであることを、誰よりも鋭く見抜いているものと思う。

中国の一帯一路構想におけるこの海路戦略は、「経済の名のもとの軍事戦略」以外の何ものでもない。

「中国―パキスタン経済回廊」

インド洋のアラビア海に沿って、スリランカだけでなく、パキスタンのグワダル港も中国の重要な軍事拠点の一つ。これまで石油供給の主要な交通路であったホルムズ海峡まではわずか４００キロ。東アジア国家の中継貿易や中央アジアの内陸国家が海に出るための玄関口となることができる。このグワダル港は２００７年にシンガポールの企業が港の管理権を取得したが、業務が行われず、まさにゴースト・ポート化していた。２０１２年にシンガポールが撤退した後、中国の手に渡った。

２０１５年４月20日に、パキスタンを訪問した習近平はパキスタンのシャリフ首相らと会談し、中国がパキスタンに対してエネルギーとインフラ開発で総額４６０億ドル規模の支援を実施することで合意した。しかもグワダル港の管理運営権は「40年間」、中国に移譲されるのである。

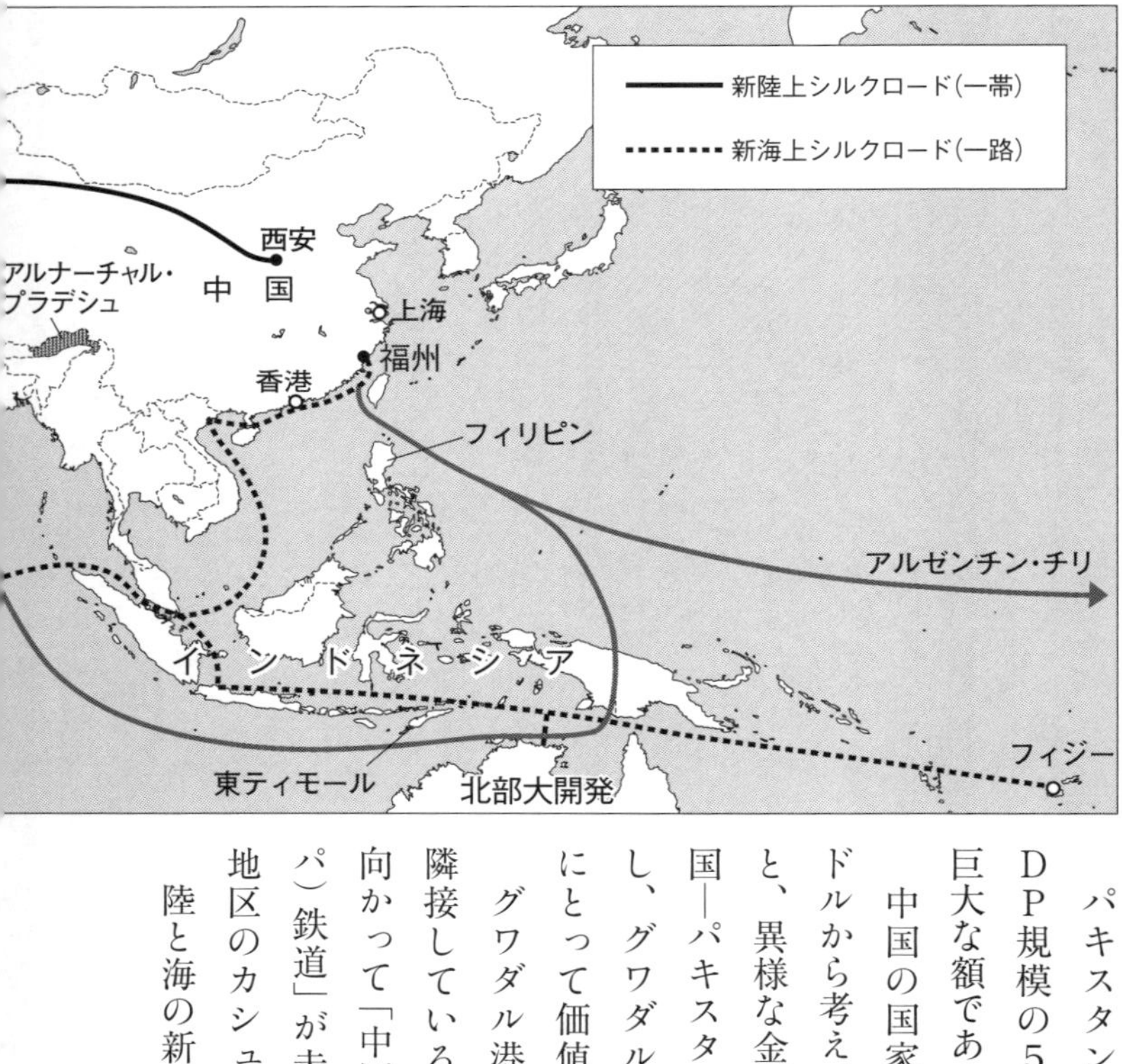

パキスタンの国家としてのGDP規模の5分の1に相当する巨大な額である。

中国の国家軍事費2152億ドルから考えても、軍事費の21%と、異様な金額だ。それでも「中国―パキスタン経済回廊」を建設し、グワダル港の獲得は、中国にとって価値のあることだった。

グワダル港の北西はイランに隣接している。陸地では北東に向かって「中国―パキスタン（中パ）鉄道」が走り、新疆《しんきょう》ウイグル地区のカシュガルに終点を置く。

陸と海の新シルクロードが「カ

中国の一帯一路戦略

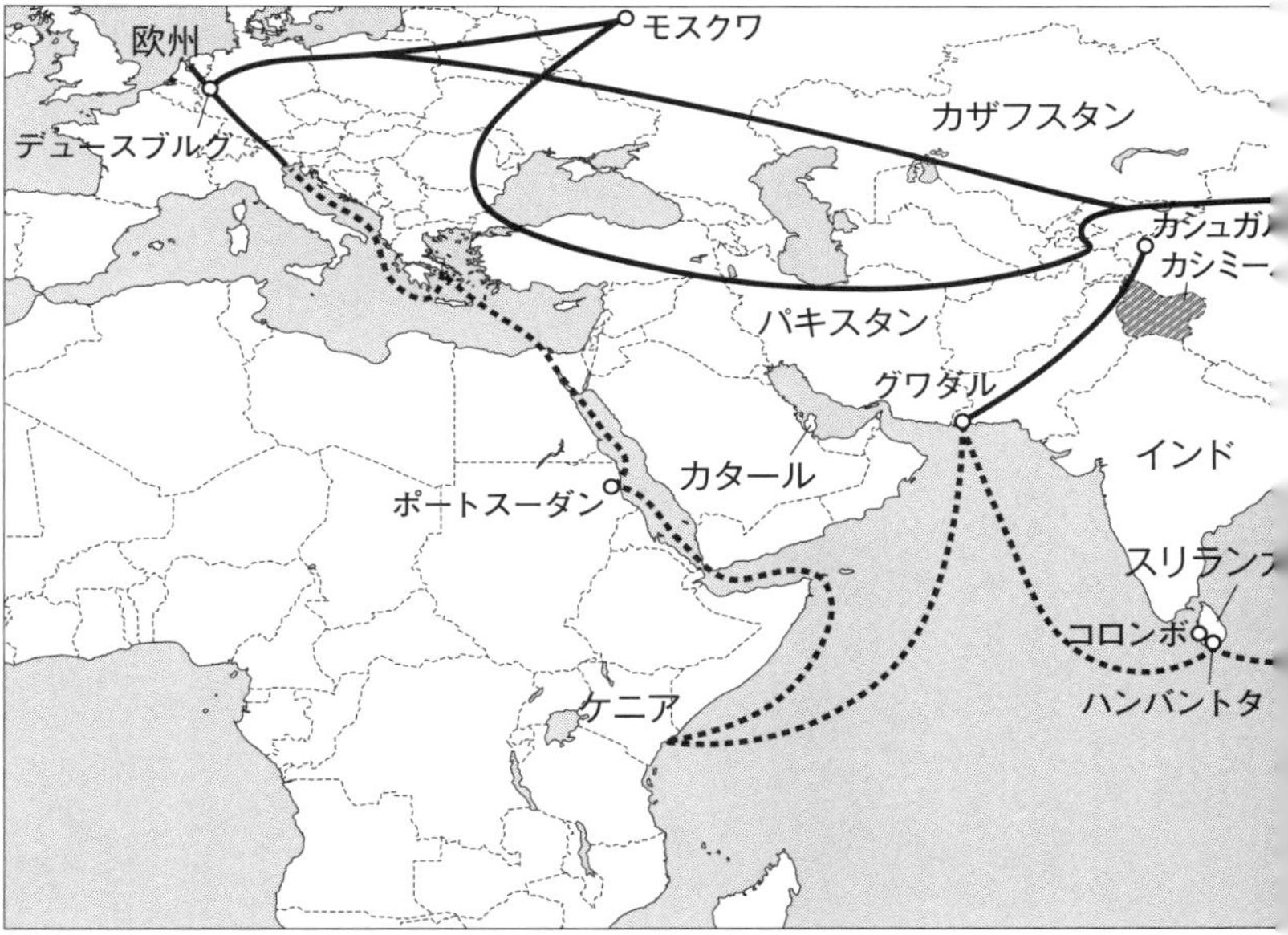

シュガル―グワダル―ハンバントタ＆コロンボ―上海」とつながれば、もう中国のものだ。「真珠の首飾り戦略」はおろか、中国の世界制覇の半分は成し遂げられたことになる。中国メディアが一帯一路「中パ経済回廊」を燃え上がらんばかりに喧伝しているのも、それゆえだろう。

インドが中国を危険視するもう一つの理由は「カシミール地域」にある。

カシミールはインド北部とパキスタン北東部の国境付近にひろがる山岳地域で、その帰属をめぐって、インドとパキスタンの対立が絶えない係争地でもある。対立の背景には、領地の問題だけではなく、イスラム教（パキスタン）とヒンズー教（インド）という宗教的な対立もあるので、実に深刻だ。

中国がいま最も力を入れている「中パ経済回廊」は、このカシミール地域を通過するのである。中国軍が護衛に当たり、道路、鉄道、物流拠点などを建設している。安全性のために「軍」を駐留させていると中国は言うが、ちがうだろう。日本の学校用教科書として発行されている地図でも、このカシミール地域は「所属未定とし、実効支配線（停戦ライン）のみ描く手法」が取られているほどだ。そこに中国軍が駐屯していることは、パキスタンを抱き込んでカシミールの中国による実効支配を既成事実化しようという魂胆以外のなにものでもない。

これはまさに南シナ海における中国による実効支配の経緯と現象と何ら変わらない。

２０１７年６月６日のワシントン、ロイター電は、米国防総省が米議会に提出した中国の軍事力に関する年次報告書の中で、「中国がアフリカ東部ジブチでの初の海外軍事基地建設を完了した後、他国での海外基地建設を推し進めていく可能性が高い」との見方を示し、その候補国としてパキスタンを挙げている。そもそも２０１６年、中国は潜水艦８隻をパキスタンに売却することに合意している。したがって「中パ経済回廊」ほど、怪しいものはない。

これらの危険性をインドは見抜き、２０１７年5月14日の一帯一路サミットフォーラムに代表を送らなかったのだが、日本は代表を送っただけでなく、ＡＩＩＢ参加を他国に呼び掛ける始末だ。

もっとも、５月23日にインド西部ガンディナガルで開かれたアフリカ開発銀行の年次総会で「アジア・アフリカ成長回廊」構想が打ち出されたことは実に高く評価したい。これは東アジアからアフリカにかけた地域のインフラ投資などの分野で、インドと日本が協力して推進するプロジェクトで、24日の日印共同セミナーでインドのモディ首相が発表した。２０１６年秋に安倍首相とモディ首相がアジア・アフリカ地域でのインフラ投資で協力することで合意したことに基づいている。インド側としては中国が主導する一帯一路構想に対抗する狙いがあるのは明らかだ。

インドの北東部には、インドと中国が互いに領有権を主張しているアルナチャル・プラデシュ州があるが、中国は、ここは中国領チベット自治州の南地区（蔵南）に当たるとして絶対に譲らない。かつての英領インドが１９１４年のシムラ条約でマクマホンラインを偽造して中国から掠《かす》め取った、というのが、中国側の主張だ。しかし今はインドが実効支配している。

そのためインドとしては防衛力を強化したいが、そこに到達する道路がない。そのインフラ建設を日本とともに進めれば、中パ経済回廊の重要性を低める効果も持つ。

そのインドが、前述したように上海協力機構に加盟したのは、プーチンの強力な呼びかけがあったからである。インドのモディ首相はカザフスタンのアスタナにおける習近平との会談の際、終始、厳しい表情を崩そうとしなかったし、パキスタンとは首脳会談も行っていない。インドとロシアは早くから軍事協力をしており、２０１６年もまた、ロシア最強の潜水艦をインドに輸出する軍事契約を結んでいる。中国にとってインドは潜在的な敵国。そのインドとロシアが緊密になることを中国は警戒している。しかし上海協力機構への加盟に関しては、プーチンに押し切られた形だ。

日本は対アジア政策に関しては、インドとの協力を強化していくといいだろう。

(3)トンガの危機

中国政府系メディアは、中国とトンガに「一帯一路」のめざましいチャンスが訪れたと力説している。「トンガ戦略発展計画　2015—2025」が2015年に策定され、両国で締結された。中国はトンガの繁栄は中国によってもたらされるとしているが、実際上、第二列島線沿いのトンガは、中国にとって重要な軍事拠点。中国人労働者や中国企業を送り込んで、トンガの中国化を実行に移し始めている。店の90％ほどが中国人によって経営される始末で、トンガ人の反中感情は激しい。

事故ばかり起こしている航空機を売りつけられて、観光業にも支障を来《きた》している。

2017年5月12日に、トンガのポヒヴァ首相は「このままではトンガ王国は数年のうちに中国に乗っ取られる」と言ったと、トンガ・オンラインのMatangiが伝えている。だというのに、トンガは、アルゼンチンやマダガスカルとともに、AIIB加盟国として承認されたと、2017年6月16日、AIIB理事会が発表した。「このままでは中国に乗っ取られる」というもがきは、また一つ消されてしまい、チャイナ・マネーに飲み込まれてしまった。

(4)フィリピンの場合——ドゥテルテ大統領は罠にはまった

2017年ASEAN会議の議長国であるフィリピンは、4月末に開催されたASEA

N会議で、中国からのプレッシャーを受けていたドゥテルテ大統領が、共同声明から南シナ海問題という文言《もんごん》を削除した。代わりに朝鮮半島情勢に関してのみ「ASEANは深く懸念している」としている。そして中国同様、北朝鮮とアメリカの軍事的緊張を緩和すべきだと、ドゥテルテは記者会見で述べている。精一杯の中国への配慮を反映した形だ。

5月に入り、トランプとの電話会談を行ったドゥテルテは、トランプの「ホワイトハウスに来ないか?」という誘いを「ほかに訪問しなければならない国が多くて……」とやんわりと断り、北京詣《もう》でをしたのである。

5月14日から始まる一帯一路サミットフォーラムに首脳として出席し、習近平とも中比首脳会談を行った。

ところが帰国後の19日、ドゥテルテは演説で、「15日に北京で行われた中比首脳会談の際、私が『南シナ海はわれわれのものであり、石油採掘を行うつもりだ』と伝えたところ、中国の習近平国家主席が、南シナ海の海域でフィリピンが石油採掘を行えば『戦争になる』と警告した」と述べた。おそらくフィリピン国内からは中国に譲歩しているという批判が上がっているため、ドゥテルテとしては、首脳会談において南シナ海をめぐる問題で主権を主張し、緊迫したやり取りになったと明かすことで、国内の批判に反論する狙いもあったかもしれない。

しかし習近平が、「われわれは友人で争いは起こしたくないが、もし強行するなら戦争になるだろう」と語ったというのは、実に象徴的で示唆的なメッセージだ。

遂に中国がその野心の正体を現したことが明らかになってきたと言っていい。

さすがにイギリスやフランスなど、古くから植民地政策をリードしてきた国々はその正体を見抜く力を持っているのだろう。フランスのメディアが、５月15日に閉幕した一帯一路サミットフォーラムで、イギリス、フランス、ドイツおよびギリシャなど欧州連合（ＥＵ）加盟国の一部が貿易推進に関する文書への署名を拒否していたと伝えた。

実際、２０１７年６月６日の米ブルームバーグによれば、アメリカのベンチャー投資家のティム・ドレイパーは、中国では資本規制によって海外への送金が非常に難しいことから、中国への投資は取りやめたという。中国共産党の腐敗幹部が蓄えた莫大な金（国家予算の約半分）が海外に逃げてしまい（外逃《ワイタオ》）、中国財政に深刻な事態を招いている。そのため中国は資本流出を抑制するため、２０１５年末から人民元の海外送金を巡る規制をいっそう強化した。それが中国への投資に大きなリスクをもたらしているという側面もある。

(5)思想の弾圧――ダライ・ラマ14世を逆利用

習近平は5月14日の開会の挨拶で、「中国は決して政治を輸出しないし、相手国への内政干渉もしない」と言ったが、それは真っ赤な嘘だ。

たとえば、仏教徒の多いモンゴルは2016年、チベット仏教のダライ・ラマ14世を招聘《しょうへい》した。中国は抗議し、「もしダライ・ラマを選ぶのなら、一帯一路には参加するな」とモンゴルに脅しをかけてきた。

結局、モンゴルは、チャイナ・マネーを選んだ。思想、精神文化の自由を犠牲にして、中国の思惑を選んだのである。

そもそもAIIBに日米を除くG7が加盟した主な要因は、ダライ・ラマ14世をイギリスに対して逆政治利用したからである。

2015年3月1日に、イギリスのウィリアム王子が訪中したことがある。30年ぶりのイギリス王室の訪中だったが、そこには中国側の深い狙いがあった。

ウィリアム王子の父親であるチャールズ皇太子は、1997年7月1日、香港の中国返還式典に出席し、当時の国家主席だった江沢民と肩を並べたことがある。そのときチャールズ皇太子は江沢民のことを「なんとおぞましい、まるで古びた蝋《ろう》人形のようだ」と日記に書いていたことが、のちに分かった。そうでなくともプライドの高い江沢民は激怒。危うく外交問題にまで発展しそうだった。

さらにチャールズ皇太子は、中国が憎むべき敵としているダライ・ラマ14世と長い付き合いがあり、２００８年８月に開催された北京オリンピックには出席しない旨、「フリー・チベット運動」に書簡を送付したことさえある。フリー・チベット運動は、中国のチベット自治区における人権弾圧などに抗議して中国政府を非難している団体だが、チャールズ皇太子はこの団体の支援者でもある。

また２０１２年６月にはダライ・ラマ14世が訪英して、ロンドンでチャールズ皇太子と面談した。チャールズ皇太子はダライ・ラマを自宅であるクラレンス・ハウスに招き、カミラ夫人とともに歓待した。

まるで導火線に火をつけるような危ない動きをしている人物だと、中国はチャールズ皇太子を警戒してきた。

そうでなくとも１９８６年、エリザベス女王は夫妻で訪中したことがあるのだが、夫君であるエディンバラ公フィリップ殿下は、西安市を訪れた際に、そこにいたイギリス人留学生に「君もね、こんなところに長くいたら、（中国人みたいに）目が細くなるよ」と言ったことがある。まだ改革開放を始めたばかりの中国は貧乏で、この言葉は人種差別として物議を醸《かも》したものだ。

1986年にイギリス王室が訪中したのは、1984年に英中共同声明が発表されて、1997年の香港中国返還が決定したからである。1982年には当時のイギリスのサッチャー首相が訪中し、鄧小平と香港返還交渉のための会談をしている。フォークランド戦争勝利によって意気揚々としていた「鉄の女」サッチャーは美しい金髪をなびかせながら堂々の北京入りをしたのだったが、「鋼《はがね》の男」鄧小平の威圧的態度に負け、会談を終えた人民大会堂の石段でつまずき、地面にひれ伏してしまった。

サッチャーはその後、「私の政治的生涯における最大の失敗は、英中共同声明にサインしてしまったことだ」と言っているが、イギリス王室は、そのサッチャーを説き伏せた男、鄧小平に会ってみたかったのだろう。

しかし、これら一連の気まずいできごとにより、英中は必ずしも親密な仲ではなかった。

「キャメロンは金のためにチベットを売るのか？」

決定的だったのは、２０１２年５月にイギリスのキャメロン首相が中国政府の猛反対を押し切ってダライ・ラマ14世と会談したことだ。これにより同年秋に予定されていたキャメロン首相の訪中も延期された。イギリス国内でも一部批判が出たが、自由や人権を重んずべしというイギリス国民の声も強く、キャメロン首相は板挟みとなっていた。

それをようやく打ち破ったのは２０１３年12月のキャメロン首相訪中だった。リーマン・ショック以降、イギリス経済は困窮し、貧富の格差が増大して経済破綻《はたん》の危機に喘《あえ》いでいた。だから対中政策に対して大転換を迫られていたのだ。キャメロン首相は訪中に先立って「イギリスはチベットの独立を認めない。その姿勢はずっと前から変わっていない」とまで誓いを立てている。

中国政府に対して「二度とダライ・ラマ14世とは会わない」と宣誓し、ようやく訪中が叶ったわけだ。

イギリスでは「キャメロンは金のためにチベットを売るのか？」という批判が渦巻いた。

しかし、この流れの中で中国の態度は途端に大きくなる。

２０１４年６月、李克強《りこくきょう》首相がヨーロッパ訪問に際して、エリザベス女王との面会を申し出た。それも「もし応じないのなら、訪英を取りやめる」と、まるで恫喝まがいの要求までしていたことが分かった。

結果、エリザベス女王の接見は叶ったのだが、全世界の顰蹙《ひんしゅく》を買った。

なぜならキャメロン首相の訪中によって英中貿易は一気に成長し、中国の対英投資も史上最高額になっていたため、中国は金で権威を買い、イギリスは金のために中国にひれ伏したのか、と批判を受けたからだ。

⑹国際金融街をウォールストリートから北京＆上海へ

中国は習近平政権に入る前から「国際金融を制する者が世界を制する」ということに注目し始めていた。今も習近平のブレーンである三紅朝帝師・王滬寧《おうこねい》の入れ知恵だ。

そこで世界の国際金融センターをウォールストリートから北京と上海に持ってこようとした。本来、中国には特別行政区ながら香港がある。ここを一国二制度の下で国際金融センターにすることによって「中国を中心とした国際金融街」を作ればいいのだが、雨傘革命（２０１４年９月に香港で始まった民主化要求運動）などに象徴されるように民主化運動が激しく反中精神が強い。

そこで中国が目をつけたのがイギリスの金融街シティで、シティを中心に人民元の国際化をめざし、シティを介して国際金融の中心を北京と上海に持っていこうとして設立したのがＡＩＩＢだ。

イギリスが真っ先に手を挙げなければ、中国が「ダライ・ラマ」カードをイギリスに切る。こうしてダライ・ラマを政治逆利用してイギリスをひれ伏させ、Ｇ７の中に雪崩《なだれ》現象を起こさせたのがＡＩＩＢなのである。

なぜＡＩＩＢに日米が反対し、一方、ヨーロッパはドミノ現象を起こしたのか。それには二つの要素がある。一つはヨーロッパ列強はその昔から植民地政策などにより互いに競ってきたので競争心が強いこと。イギリスが入るなら、あわててフランスも入るといった具合だ。

もう一つの要素が重要だ。それは第二次世界大戦終結以降、全ての中心がヨーロッパからアメリカに移ってしまったことである。そのことに対するヨーロッパ勢の不満は小さくない。たとえば２０１４年６月、ＩＭＦ（国際通貨基金）のラガルド専務理事（フランス）は、「いずれＩＭＦの本部が現在のワシントンから中国の北京に移転するかもしれない」と発言している。だからフランスも中国に賛同しＡＩＩＢに参加した。ただそうは言ってもヨーロッパ勢は、よもや、中国が本当に、欧米に取って替わって、世界ナンバー１の地位に就くことが現実性を帯びるところまで来るとは、思ってもみなかっただろう。

ＡＩＩＢの拠点が北京なら、一帯一路の出発点となった上海協力機構開発銀行の拠点は上海にある。一方ではＡＩＩＢ構想を練りながら、上海協力機構開発銀行は新シルクロード経済ベルトを支えるべく、早くも２０１０年11月25日に設立されている。胡錦濤政権時代だ。

その意味から言っても、一帯一路構想とＡＩＩＢ構想の基礎は、胡錦濤政権時代から計画されていた中国の未来像だった。

「中華民族の偉大なる復興」という習近平政権のスローガンは、あとは「アメリカと日本さえ取り込めば叶う」のである。

(7)クシュナーを取り込め！

日米を陥落させるには、「アメリカを先に取り込め！」

これがトランプ政権誕生以降の中国の戦略である。

中国は「日本は対米追従なので、アメリカを取り込みさえすれば日本は必ずアメリカについてくる」とみなして、戦略的にトランプ政権を動かしている。

そしてトランプを動かすためには、まさに中国流の戦略、「将《しょう》を射《い》んと欲すれば先ず馬を射よ」を実行した。第1章で論じたように、「大将であるドナルド・トランプを懐柔するには、まずトランプが最も頼りとするクシュナーとイヴァンカを陥落させよ」ということである。その陰でクシュナーを操っていたのが、言わずと知れたキッシンジャーだ。キッシンジャーは「チャイナ・ロビー」としてアメリカという国家を動かしているのである。

その結果、前述したようにまずは中国が5月14日、15日に北京で開催した「一帯一路国際協力サミットフォーラム」にアメリカ代表を送ってもらうことを優先事項とした。

だから、4月6日、7日の米中首脳会談では習近平はトランプに「一帯一路サミットフォーラムにアメリカが参加するように」優先的に依頼したのである。中国における米中首脳会談の報道は、「一帯一路サミットフォーラムにアメリカ代表を送るようにトランプ大統領に言った」ということが最も大きな成果として挙げられていた。あたかも、トランプが「承諾した」というような報道だった。

案の定、アメリカは代表を送り込み、日本もアメリカに倣《なら》った。

中国の計算通りだ。

「一帯一路とＡＩＩＢ」構想の中に日米が「ひれ伏して」入ってくるなら、世界はもう、中国のものだ。中国はそう思っている。「中華民族の偉大なる復興」とは、アヘン戦争でイギリスに敗北して以来の列強諸国による中国の植民地化に対する報復とともに、今となっては日米を凌駕することなのである。

(8)それでも日本はAIIBに加盟するのか?

このような実態を知ってもなお、日本はＡＩＩＢに加盟すべきと主張するのだろうか？　日本がＡＩＩＢや一帯一路に参加することは、すなわち中国の世界制覇に手を貸すことだということが見えないのだろうか？　ＡＩＩＢに加盟し一帯一路に協力することによって、内部から中国を改善していくなどという論理は、夢のまた夢。中国がどれだけの強烈な戦略を持って世界制覇へと着実な手を打ち、洗脳を強化しているかを認識すべきだろう。

日本はいったい、何度失敗すれば気が済むのだろう。

拙著『毛沢東　日本軍と共謀した男』にも書いたように、中国共産党の毛沢東は、日中戦争における日本軍を利用して中国共産党を巨大化させ、中共軍を強力なものにしていった。だから毛沢東は「皇軍に感謝する」と言ってきたのである。これを「毛沢東流のユーモア」と解釈させる中国に共鳴する日本人が多いことは、驚くべきだ。

１９７２年に日中国交正常化した後に中国に対して経済支援を続けてきたのは、やむを得ないことではあれ、敗戦に伴う戦争賠償金を支払って、戦後処理を終わりにすべきだった。しかし老獪《ろうかい》な毛沢東は賠償金を断って、未来永劫《みらいえいごう》に日本から経済支援を受ける手段の方を選んだ。結果、日本はＯＤＡ支援を続けてきたし、天安門事件（１９８９年6月４日）により西側諸国の経済封鎖を、いの一番に解いて、中国への経済支援を主導していったのである。１９９２年の天皇陛下訪中は中国（江沢民政権）からの強い要望によるもので、中国は「天皇が訪中してくれさえすれば、過去のことは一切問題にしない」と約束した。

しかし、どうだったか？

天皇陛下訪中を見た西側諸国は経済封鎖を解き、アメリカなどは、むしろ非常に積極的に中国への経済支援に邁進《まいしん》した。そうすれば、やがて中国が民主化するだろうなどという、あり得ない期待をしていたからだ。

その結果、２０１０年には中国のＧＤＰ規模は日本を凌駕し、日本への「歴史カード」を、これでもかとばかりに突き付けてくるようになる。

日米ともに、まんまと中国の長期戦略の罠に嵌《はま》ったのである。

中国に洗脳された日本

こうして日本は中国に「洗脳」され続けても、中国を支援し、今では「友好」の名のもとに中国に「頭を下げて」、日本の国益を決定的に損ねる道を歩むことを、今もやめようとしていない。それがAIIBへの参加であり、一帯一路への協力なのである。

CCTVでは連日、一帯一路特集番組を組んできたが、その中で「鉄道、道路、空港、港、パイプライン」などのハード面も大切だが、最も重要なのは「文化」「精神」といったソフトパワーだと断言している。ソフトパワーは「戦わずして勝つことのできる最強の武器」とも強調。

日本人は今、金正恩の横暴さのせいで、まるで中国が常識的で平和的であるかのような錯覚をしているかもしれないが、ノーベル平和賞受賞者の劉暁波《りゅうぎょうは》はいまも監獄の中にいることを忘れてはならないし（2017年6月、末期癌で仮釈放）、「中国は開放的だ」というその言葉の下で、Great Fire Wall（万里の防火壁）という、外部の民主的情報を「有害情報」として遮断する情報の国家的壁があることを忘れてはならない。

日本がＡＩＩＢなどに参加したら、ただひたすら戻ってこないお金（日本国民の血税！）を中国のために注ぎ続け、中国を巨大化させることに貢献するだけで、日本国民にとっては、百害あって一利なしと心得るべきだろう。

中国では、アメリカがＴＰＰから離脱したために日本は後ろ盾を無くして、なんとかアメリカ抜きの11カ国で協定発効を目指そうとしているが、それもうまくいかないので、遂に中国に頭を下げてきたと位置づけている。

今後は「ダライ・ラマ」のカードのように、日本に対しては「歴史カード」で威嚇してくるだろう。

事実、安倍首相が２０１７年６月５日、東京都内で開催された国際交流会議「アジアの未来」（日本経済新聞社主催）の夕食会で講演し、中国の巨大経済圏「一帯一路」構想に関して、条件が揃えば日本も協力していきたいと述べると、中国のネットは燃え上がった。自民党の二階幹事長のＡＩＩＢに関する発言も手伝い、中国が主導する一帯一路やＡＩＩＢに日本が本気で参加するつもりだということが現実味を帯びてきたと、中国が解釈したからだろう。

そのきっかけを作ったのは中国外交部の定例記者会見で華春瑩《かしゅんえい》報道官が６日、「歓迎するが、（加盟したいなら）真の政策と行動で示すことを希望する」と述べたことだった。中央テレビ局ＣＣＴＶも類似の主旨の報道番組を特集。「庶民」を装いながら、「政府の喉と舌」を代弁しているウェブサイト「百家号」は、「安倍〝低頭〟して〝一帯一路〟に対し態度表明をした」というタイトルで安倍首相の発言を大きく扱った。この「百家号」は5月14日に自民党の二階幹事長が安倍首相の親書を携《たずさ》え、大代表団を従えて訪中したときにも、「日本はなぜ〝低頭認錯〟して、一帯一路の快速列車に駆け付けたのか」というタイトルで、二階氏の訪中と習近平国家主席との対談を表現している。「低頭認錯」とは「平身低頭して、自分の過ちを認める」という意味である。つまり「日本は遂に、歴史問題に関して降参し、中国に頭を下げてきた」ということを示唆する。

こういった一連の流れは、まるで中国政府が「さあ、みんな、好きに何でも言っていいよ」というシグナルを出したようなものだと、ネットユーザーには受け止められた。ネットには文字化したくない言葉が噴出して、読むのも不快だが、現実を直視するために、主だったものを列挙する。

●一帯一路に入りたければ、まず「釣魚島（尖閣諸島）が中国のものだと認めること」が大前提だ。

●まずは、「琉球諸島の主権問題」を討論してから入れ！

●どうしたんだい？　アメリカ（という）パパが頼りにならなくなったのかい？

●そうだね、きっとご主人様（アメリカ）には希望がなくなったから、今度は中国に泣きついてきたんだね。

●今度ばかりは、お前ら「小日本」（日本に対する蔑称）の経済は、中国に頼るしかないって観念したんだろ？

●日本の右翼って、こんなに容易《たやす》く心変わりをするんだっけ？

●もう、（日本国の）落城の味がするね。

●ＡＩＩＢに日本が投資するんだっていうんなら、投資させれば？　中国がもっと強大になるだけだから、いいんじゃない？

●まあ、見てみようよ。お前が靖國神社に参拝しないっていうのを見届けてから、また話に乗ろうか。

●入らせろよ。「小日本」が「低頭」したんだよ！　中国のリーダーの下にひざまずきたいというんだから、いいじゃないか。ゆっくり遊んでやろうぜ。

●中華民族の偉大なる復興を成し遂げる日を待つだけさ。

●大国中国。ゲームは決まった。

これらを見ただけで、このあと何が起こり得るか、想像がつくだろう。

もしかしたら安倍首相としてはリップサービスのつもりだったかもしれないが、中国の汪洋副首相は6月12日、北京で経団連の榊原定征《さだゆき》会長と会談し、一帯一路に安倍首相が条件付きながら協力する意向を示したことについて歓迎の意を表しているし、6月17日に韓国の済州島で開かれたAIIB第二回年次総会で日米の参加を歓迎する意向を示している。リップサービスだという域はすでに越えているように見えるが、日本は済州島で開催された年次総会には政府代表を送ってないようだ。そもそも加盟国でない日本に中国が招待状を送ってきたこと自体理屈に合わないが、断ったことは高く評価したい。

もっとも、6月5日に東京で開催された国際交流会議に出席した主たるメンバーは東南アジア諸国。みな本心は非民主国家である中国に付いていきたいとは思っていないが、自国の経済のためにやむなくチャイナ・マネーを選んでいる。日米と中露の間で揺れ動く国々は、日米が主導権を握る経済構想を期待している。その人たちに、「日本も場合によっては中国主導の一帯一路に協力する用意がある」というメッセージを発信したら、東南アジア諸国は、「それなら自分たちも安心して中国側に付いていていいんだ」という安堵感を覚えるだろう。世界の趨勢を中国のために作ってあげているようなものだ。

おまけにトランプ政権がキッシンジャーによって洗脳されてしまっている。

中国の洗脳の力を軽んじてはならない。世界一の力を持っている。

しぶとく影響力を持ち続けるキッシンジャーを中心に、クシュナーやイヴァンカという洗脳されやすい「若者」をコマに使って、中国の夢を叶える戦略がうごめいている。

日本はそのことを見逃さないようにしてほしい。

⑼カタール危機は、「習近平vsトランプ」の主戦場か

２０１７年６月５日、サウジアラビアやＵＡＥ（アラブ首長国連邦）、バーレーンなど６カ国が、突然カタールに対し国交断絶を通告した。国境は閉鎖され、湾岸諸国の航空会社各社がカタール発着の便の運航を中止するなど影響が広がっている。

特に窮地に追い込まれているのは中国だ。なぜならカタールは「一帯一路」構想の中東への玄関口だからである。

カタールと中国は１９８８年から国交を結んでいるが、特に習近平はまだ国家副主席だった２００８年に胡錦濤国家主席の指示によりカタールを訪問し、同年カタールのタミー

ム・王位継承者も訪中して北京オリンピックを観戦した。２０１３年３月に習近平が国家主席になるとタミームも首長になり、２０１４年11月に訪中して「中国・カタール戦略的パートナーシップ」を結び、一帯一路に関して金融、教育、文化など多方面にわたる協定を締結した。新シルクロード経済ベルト構想が胡錦濤政権時代から始まっていたことは、習近平が胡錦濤の命令でカタールを訪問したことによっても明らかだろう。

結果、中国工商銀行のドーハ支店における人民元決済が可能となったり、カタール航空が「北京、上海、広州、成都、重慶および杭州」とカタール直行便の運行が開始したりして、カタールは一帯一路の中東への玄関口として活気を呈していた。

ところがカタール発着便の運航停止により、カタールを経由して一帯一路沿いの中東諸国に向かっていた中国は経由地を失いビジネスに直接の支障が生じる。また、一帯一路経済圏は多くの異なる宗教を「一帯」として結びつけているため、宗教上、政治上の争いが生じると、中国はその上に立つのが困難になる。６月８日には中国人教師２人を殺害したというイスラム国（ＩＳ）の犯行声明もあり、巨大経済圏は中東を含んでいるだけに、巨大であればあるほど情勢が不安定化する。

カタール断交に関する情報を、どこよりも早く報道したＣＣＴＶは、その後立て続けにカタール問題の特集を組んでいる。

特に焦点がアメリカに当てられ、「なぜトランプの中東訪問のあとに、突如このような事態が起きたのか」「トランプは最初、断交したサウジアラビア側などを支持しておきながら、すぐさまカタールに対して１２０億ドルの軍事協力を締結（F15戦闘機購入で合意）してカタールを支持している」などという、批判的な論評がＣＣＴＶで繰り返されている。そもそもアメリカはカタールに中東最大の米空軍基地を設けており、中国は「アメリカはダブルスタンダードだ」と批判している。

それだけではない。６月15日には米軍はカタールと合同の軍事演習をしており、中国のアメリカに対する疑念は増すばかりだ。

世界最大の石油利権あるいは安全保障上の拠点をめぐり、中国がカタールの最大の貿易国となることによって安全保障も脅《おびや》かされることを懸念したアメリカが、それを阻止しようとして、カタール危機に便乗しているのではないかという、ＣＣＴＶ論説委員の解説もある。断交のきっかけとなったのは、カタール国営通信の報道。タミーム首長が演説で「イランとの関係改善を呼びかけるとともに、ムスリム同胞団を擁護した」というものだった。カタール政府は「国営通信が何者かにハッキングされた」として演説内容を否定したが、中国では「ハッキングをしたのは誰か」などということまで囁《ささや》かれている。それはまさに一帯一路がいかに安全保障上の軍事目的を内包しているかの何よりの証拠だ。

トランプがどんなに気まぐれに呟《つぶや》こうとも、アメリカのペンタゴンは分かっているものと思う。日本では見落としがちだが、実はここ「カタール」こそ、「習近平vsトランプ」の主戦場と言えるかもしれない。

6. 中国の不戦勝となるのか――トランプ、パリ協定を離脱

２０１７年６月１日、トランプ大統領はパリ協定からの離脱を表明した。中国はグローバル経済だけでなく気候変動に関してもアメリカが抜けてくれたお蔭で、「中国こそが世界を主導していく」と言わんばかりに喜びに満ちている。これではまるで、トランプ政権は「中国を世界の覇者とするために」誕生したような政権と化してしまう。

タイミングもまた中国に利した。

アメリカでトランプがパリ協定離脱宣言をしているちょうどその時に、李克強首相はドイツのベルリンでメルケル首相と会っていた。イタリアで終わったばかりのＧ７首脳会談においてトランプ大統領との間に溝が生まれたメルケル首相は、「中国とのパートナーシップを強化していくことこそが、われわれの責任だ」と、中国との緊密強化を強調した。それはまるで「アメリカの時代が終わり、中国の時代が始まる」と、ＥＵが宣言しているような印象を与えた。

なぜならG7首脳会談のあとメルケルは「ヨーロッパはもう他国に頼らない」という趣旨の演説をしているからだ。彼女は「他国を信頼できる時代は終わりだ。欧州はその運命に関し自ら行動して解決しなければならない」と述べている。多くのメディアはこれがアメリカを指した発言だとし、ついに欧州がアメリカと決別かと報じたばかりだ。

おまけに李克強はその足で、第19回中国・EU首脳会合出席のためブリュッセルに行き、エグモント宮殿で開催された中国EUビジネスサミットで講演したが、当然その内容はクリーンエネルギー新ビジネスにシフトしていた。そうでなくとも中国は2030年までに2005年比で二酸化炭素排出量を60~65%削減する目標を立てており、来る日も来る日もクリーンエネルギー産業へのイノベーションを叫んでいる。一帯一路沿線国での巨大太陽光パネルや風力発電などの映像がCCTVの画面に出て来ない日はないくらいだ。

事実、米研究機関IEEFA（エネルギー経済財務分析研究所）やBNEF（Bloomberg New Energy Finance、ブルームバーグ・ニューエナジー・ファイナンス）などのデータによれば、2016年の太陽光・風力・水力などを利用した再生可能エネルギーへの投資は、中国が世界一で、アメリカを遥かに抜いている。中国の海外投資額は前年比の60%増だ。2017年1月―3月期の世界のクリーンエネルギー投資額では、「中国：179億ドル、アメリカ：94億ドル（日本：41億ドル）」とのこと。

そのため、ＥＵ首脳との会談で気候変動への技術革新に関しては「ＥＵと中国の関係こそが柱になっていく」との認識を共有した。

もっとも、中国は地球温暖化ガス排出量では世界1位であることを忘れてはならない。ＥＤＭＣ（The Energy Data and Modelling Center）エネルギー経済統計要覧２０１７年度データによれば、世界の二酸化炭素排出量総量（３３０億トン）の28・３％は中国で、２位のアメリカ15・８％を遥かに上回っている。

北京の住民は常にＰＭ２・５と戦い、安全に呼吸することさえ保障されていないことは周知の事実だ。水道水が飲用に使えないのは言うに及ばず、河川汚濁、土壌汚染の程度なども、大気汚染のひどさに負けていない。

環境保護法の類はあるにはあったが、なにせ許認可権を持っている各部署の党幹部に賄《わい》賂《ろ》さえ渡せば目こぼしをしてもらえた。中国の古くからの賄賂文化が改革開放とともに復活し、今になって腐敗撲滅運動に必死になっている。それでもイタチゴッコ。

規制と成長の間で、中国自身は国内ではパリ協定に沿って勇ましく動けるとも思えない。ＩＥＡ（International Energy Agency、国際エネルギー機関）の調査によれば、石炭火力発電の中国国内における総電力に占める割合は70％と、依存度は依然として高いのが実態だ。

一方、正式な離脱はパリ協定発効から3年後の２０１９年11月から可能となる。その間にアメリカを説得するのが日本に課せられた役割だろうが、ＴＰＰでも経験したとおり、日本があれだけ努力して説得しても、トランプは言うことを聞かなかった。パリ協定に関してはアメリカ国民の多くが離脱反対を訴えているので、日本の説得が功を奏する可能性も否定はできない。少なくとも２０１７年6月11日にイタリアのボローニャで開催されたＧ7環境相会合において、日本側の「失望した」という言葉に対してアメリカ側は応じなかったとのこと。

日本にとって最も大きな問題は、国際社会でアメリカが存在感を喪失することによって日本の立場が厳しくなることだ。もっとも、日本はＥＵとの経済連携協定（ＥＰＡ）に力を注いでいる。これは高く評価すべきで、日印連携とともに非常に重要な方向性である。

トランプ政権のパリ協定離脱派にはバノン主席戦略官やプルーイット環境保護庁長官などがいて、離脱反対派にはクシュナー＆イヴァンカ夫妻やティラーソン国務長官などがいる。ロシアゲート疑惑も考慮して、今回は疑惑のかかっているクシュナーや、キッシンジャーが裏で推薦した親露派のティラーソンらの言うことは聞かなかったものと思われる。背後でうごめくキッシンジャーの操り人形となったトランプは、こうして自らの手で世界の大国としての地位を放棄する羽目に陥《おちい》っている。そしてそのすべての隙間に中国が入っていくのである。

日本には、「どうせ、中国の技術なんて……」という視点があるだろう。これまではたしかにそうだった。しかし現在、百万を超える在米留学生の30％強を中国人が占める。１９８１年から私費留学生も海外留学をすることが許されるようになり、今ではアメリカに留学して帰国した博士たちが中国の科学技術の発展に貢献している。

かつて魯迅は「立ち遅れた中国の文化や技術を前進させるには、すでに存在する海外の優れた文化や技術を取り入れた方が早い」として「拿来主義《だらい》」を唱えたことがある。１９３４年のことだ。これが中国のパクリ精神を生んでしまった。しかし今や魯迅の教えを越えて、アメリカのシリコンバレーには中国人博士が溢れ、米中の先端技術を結んでいる。そのアメリカが人材のグローバル化にも背を向ければ、そこにも中国の高級人材が入り込んでいくのである。その危険性からも目を離すことはできない。

ＴＨＡＡＤ配備を巡る攻防

韓国の文在寅政権にしてもそうだ。

２０１７年６月７日、韓国政府は追加配備されることになっているＴＨＡＡＤに関して「４基の追加配備は用地の環境影響評価作業が終了してから決定する」と発表した。環境評価作業には１年はかかることから、事実上の「中断」であるということになる。

実は文在寅は大統領に当選するとすぐ習近平と電話会談を行ったり大統領特使を派遣したりして、中韓関係を重んじるとしたうえで「中国のＴＨＡＡＤに対する憂慮を理解する。配備に関しては検討の余地がある」と習近平に伝えていた。そのため中国は早速、それまで韓国に課していた経済制裁を緩和し、韓国経済に再び活気を呼び戻す現象をもたらしていた。

そんな折に韓国国防部が「すでに輸入が公表され実施されているＴＨＡＡＤ２基以外に、さらに追加の４基がすでに韓国に搬入されている」と韓国大統領府に報告した。そのようなことを知らされていなかった文在寅は衝撃を受けて激怒。かといって、米韓同盟があるアメリカに「ＴＨＡＡＤの追加配備は要らない」とも言えず、結局、環境評価をすることによって時間稼ぎをした形だ。

これにより中国は「これで韓国を抱き込むことができた」と高笑いしていたのである。

ところが——。

なんと、コミー元ＦＢＩ長官が議会公聴会で証言をしている間、トランプはマティス国防長官とティラーソン国務長官をホワイトハウスに呼び、ＴＨＡＡＤに関する緊急会議を開いていたとのこと。

６月10日のロイター通信（朝鮮日報日本語版が転載）によれば、「アメリカの外交官らが韓国側に『環境影響評価はＴＨＡＡＤ体系の全てを拒否するための前触れではないのか』と釈明を求めた」としたうえで「韓国側から『ＴＨＡＡＤ配備に関する米韓合意を維持する方向で考えている』との返答を得た」と報じたとのこと。

同日のＶＯＡ（Voice of America）によれば、「ホワイトハウス高官が、韓国がＴＨＡＡＤに関して方針を変えないのなら、アメリカも韓国に安全保障を約束する」趣旨の発言をしたことを報じている。これはつまり、「もし、韓国がＴＨＡＡＤ配備を撤回するようなことがあったら、韓国の安全保障に関する米韓同盟はないものと思え」と恫喝した結果であろうことが推測できる。

おまけに韓国は、米韓首脳会談を控えていた。習近平に脅されては中国にひざまずき、トランプに恫喝されてはアメリカにひれ伏す。経済と安全保障の間で、右往左往しているのが韓国の現状だ。これでは韓国は北朝鮮に勝てるはずがない。武力を持った者のほうが強いという北朝鮮の論理が優位に立つことになってしまう。

手をこまねいているのは韓国ばかりではない。

威嚇する側の米中もまた、北朝鮮に関してはジレンマに追い込まれている。

トランプは「すべての選択肢はテーブルの上にある」と言いながら、一方ではマティスは2017年5月19日、「軍事的な解決に向かえば信じられない規模の悲劇になるだろう」と述べ、軍事攻撃については慎重な姿勢を示したうえで、「引き続き国際的な圧力を強め外交による解決に全力を尽くすべきだ」と述べている。

3月から4月にかけて、史上最大規模の米韓合同軍事演習を展開して対北朝鮮包囲網を形成しておきながら、そして「全ての選択肢はテーブルの上にある」として軍事攻撃を示唆しておきながら、「軍事攻撃は無理だ」と宣言したのでは、大喜びするのは北朝鮮だけだろう。

北朝鮮は絶対に、ミサイル発射をやめない。アメリカまで届くＩＣＢＭ（大陸間弾道ミサイル）が完成するまで、ミサイルを発射し続けるだろう。完成してからテーブルに着かせたのでは遅すぎる。

テーブルに着くまでの時間を与えてはならないのだ。

そのためにはＩＣＢＭが完成する前の、アメリカによる武力攻撃か、中国による決定的な制裁しかない。武力はマティスの言うとおり、犠牲が大きすぎる。攻撃しやすい日本は、火の海となるだろう。

ならば、一刻も早く中国に「三枚のカード」を切らせる以外にない。すなわち、「断油」、「中朝国境封鎖」そして「中朝軍事同盟の破棄」という三枚のカードだ。それを使おうとしない中国に対して、しびれを切らしたトランプは6月20日、「中国は北朝鮮に核開発を放棄させるために働きかけを行っているものの、これまでのところ失敗に終わっている」と言い、その後、北朝鮮との違法な金融取引に関与しているとして、中国の丹東銀行を制裁の対象とすると発表した。必ずしも中国一辺倒ではなくなりつつある。

一方、先述したとおり、その中国は２０１７年秋に党大会を控えているため、すぐにはカードを切れない。２０１８年3月には全人代があるので、そこまでは動けないだろう。

北朝鮮は朝鮮労働党という名称を採っているが、もともとは朝鮮共産党。すべてはソ連の共産党に根源を持つ。したがって共産党支配の政治体制をよく知っている。

その中国の足元を見て、「今のうちに」とばかりに北朝鮮はミサイル発射を繰り返しているのだ。

それではなぜ、中国にとって党大会はそこまで重要なのか？

それは一党支配体制を遂行しているからであり、一党支配体制が崩壊するのを怖がっているからである。

そのために激しい言論弾圧をしながら、何も見えなくなるほどまでに突っ走っている。

何を隠そうとして言論弾圧をしているかと言えば、「中国共産党がいかにして強大化したか」に関する建国の根本に関する真相を隠蔽《いんぺい》しようとしているためだ。

これに関しては、２０１６年9月20日にワシントンＤＣでスピーチをしてきたので、次章でその状況をご紹介したいと思う。

第5章
歴史の真相に怯える習近平

アメリカも気付きはじめた中国の巨大な嘘

２０１６年9月20日。

ワシントンＤＣの空は晴れ渡っていた。ホワイトハウスに近いナショナル・プレス・クラブで国際シンポジウムが開催され、メイン・スピーカーとして講演を頼まれた。

主催はアメリカの大手シンクタンク「Ｐｒｏｊｅｃｔ（プロジェクト）２０４９」だ。これは共和党系の流れを汲んでおり、会長は共和党のジョージ・ブッシュ前政権時代（２００１年〜２００９年）に「国務次官補代理（東アジア・太平洋担当）」を務めていたランディ・シュライバーである。トランプ政権の流れに近い。

シンポジウムのテーマは「実事求是《じつじきゅうぜ》――中国共産党の歴史戦」。「実事求是」というのは「事実に基づいて真実を求める」という意味で、毛沢東も鄧小平もよく使った、清《しん》代からある言葉だ。「中国共産党の歴史戦」というのは、「中国共産党が歴史を書き換えようと必死で闘っている」という意味である。だから中国の方針どおりに、「事実に基づいて真相を求めようではないか」という皮肉が込められている。

２０１６年は中国建国の父、毛沢東の没後40周年記念とあって、筆者は拙著『毛沢東　日本軍と共謀した男』を中心に、中国共産党の歴史の真相と、それが持つ現代性に関して話すよう依頼された。

この国際シンポジウムで収穫となったのは、アメリカがどのような視点で中国を見ているかということと、もう一つは在米華人華僑《かきょう》が、いかに必死で中国共産党政権と戦っているかということだ。

前者に関してはランディ・シュライバー会長の冒頭挨拶に如実に表れており、後者に関しては、ＶＯＡ（Voice of America）やＦＲＡ（Free Radio Asia）などが、我を争って筆者の番組を制作しようとしたことだった。そのいずれにも共通しているのは、中国への危機感を真っ正直に抱き表現しているということで、日本と異なるのは、「歴史カード」のような中国への遠慮がないということである。

ではまず、ランディ・シュライバー会長が何を言ったのか、その概要をご紹介する。

〈――数カ月前のニューヨーク・タイムズの記事によれば、中国共産党は「中国の学生は、より強い愛国心を持ち、より党に献身的になり、そして中国共産党の歴史にマイナス要因をもたらす西側諸国の影響力に関して、より強い警戒心を持たなければならない」という指令を出したそうです。

今月に入ってから、ニューヨーク・タイムズは中国の教育部（旧文部省に相当）の計画に関する補足記事を出しました。それによれば、中国は二億人の学生に『長征』という映画の鑑賞を義務づけ、学校や教育施設はその「長征の精神」を中国により広く広めていくべきだという指令を出したとのことです（筆者注：長征とは1934年から1936年にかけて行われた中国共産党軍の大移動。国民党軍の討伐に遭い、敗退した共産党軍が討伐から逃れるため、江西省瑞金《ずいきん》の根拠地を放棄、陝西《せんせい》省延安まで1万2500キロを行軍したこと。中国ではこれを「北上抗日」と称して中共軍がいかに苦難を乗り越え勇猛果敢に日本軍と戦ったかという抗日神話を捏造《ねつぞう》しているが、逃亡先には日本軍はいないし、途中で日本軍と戦ってもいない）。

また毛沢東の没後40周年記念に当たり、彼の人生を称える祝典や記念行事が中国で数多く行われたことを知りました。中国共産党と政府は、「中国の歴史に悪影響を与えようとする西側敵対勢力の思惑があるということを、もっと広く知らしめ、警戒を強めなければならない」と強調しました。教育部の部長（大臣）は、西側敵対勢力が中国共産党の歴史に悪影響を与えようとしている特定の教科書や教授たちを、いま一度見直して監督を強化する必要があると述べています。

中国にとって、どういう事実が「重要な歴史」で、どういう事実が「西側敵対勢力が中国に悪影響を与えようとしている歴史」なのでしょうか。そしてなぜ彼らはこれほどまでに注意を払って「いかなる歴史的ストーリーを描くべきか」に力を入れるのでしょうか？

北京の天安門広場にある、中国共産党の公式な歴史を伝える歴史博物館を見物すると、多くの重大な「欠如」（事実とのギャップ）があることに気づくでしょう。たとえば中国共産党の歴代総書記の肖像画のなかに、趙紫陽《ちょうしよう》の肖像がなかったり、また文化大革命や大躍進に関する記載もわずかしかありません（筆者注：趙紫陽とは１９８７年に党総書記となるが、１９８９年に天安門事件という民主化要求運動を支持したため失脚した。また大躍進とは１９５８年から毛沢東が始めた高度経済成長政策。経済均衡の失敗や農村の荒廃などで約３０００万人の餓死者を出し、59年、毛沢東は国家主席を辞任した）。

昨年、第二次世界大戦終戦70周年を迎え、「諸外国が歴史の正確性に真摯《しんし》に向き合うことが如何に重要であるか」という日本およびその同盟国に向けた中国側の見解をよく耳にしました。

私も「歴史の真実を見る」ことには賛同します。しかし、その国がどのような歴史的ストーリーを描くかは、その国の人々のアイデンティティを形成します。アイデンティティは自分たちが世界と地域のどこに、どのように位置づけられているのかに関する視点を形成し、究極的にこれは、その国の対外的行動に影響を与えます。

したがって、中国の教育、文化、メディア、そして現在、アジア太平洋地域で論議されている、中国が広めている対外的行動に影響を与えている歴史的ストーリー（筆者注：中国が主張する、これが真実だとする歴史的事実）を、中国がなぜここまで重要視しているのかを、私たちは理解しなければならないと思うのです〉

シンポジウムが始まるまで、いかなる打ち合わせもなかったので、筆者はこの瞬間までシュライバー会長が何を話すのか、まったく知らなかった。しかし筆者が準備していたスピーチは、まさに彼の要望に呼応した内容であったという一致に驚いた。

ワシントンDCでのスピーチ内容

筆者のスピーチの概要をまとめてみたい。

〈――私は中国で生まれ育ち、毛沢東思想の教育を受けたあと、1953年に日本に戻ってきました。日本敗戦後は中国で国共内戦（国民党と共産党の内戦）を経験し、私が住んでいた（吉林省）長春市は１９４７年から48年にかけて中国共産党軍により食糧封鎖され、数十万の無辜《むこ》の民が餓死しました。

その長春から脱出するために餓死体の上で野宿した経験に基づき、１９８４年に『卡《チャー》子《ズ》　出口なき大地』というノンフィクションを著しました。これをすぐさま中国語に翻訳し、中国大陸で出版しようと30年間も努力してきましたが、中国ではますます言論弾圧が厳しくなるばかりで、このままでは私が生きている間に言論の自由が訪れることはないと見限り、２０１４年に台湾で中国語版を出版し、２０１６年8月にアメリカで英語版を出版しました（そのいずれも２０１２年に再出版した『卡子《チャーズ》　中国建国の残火』を翻訳したもの）。

中国が言論弾圧を強化する背景には、ただ単に一党支配体制を維持しようとする狙いがあるだけでなく、実は恐るべき事実を中国共産党が隠蔽《いんぺい》しているからです。

それは建国の父である毛沢東が、日中戦争（中国では抗日戦争）の期間中、日本軍と共謀していたという事実です。毛沢東の真の狙いは、日本が戦っている相手国だった「中華民国」の指導者・蔣介石を倒して、自分が中国の覇者になることでした。そこで蔣介石が率いる国民党軍の軍事情報を高値で日本側に売り渡し、国民党軍を弱体化させることに全力を注いでいたのです。

そのために潘漢年《はんかんねん》など多くの中共スパイを上海にある日本外務省の出先機関に送りこみ、中共軍と日本軍の部分的停戦さえ申し込んでいました。国民党軍の軍事情報は、国共合作によって容易に得ることができました。

毛沢東の戦略が功を奏して、1949年に国民党軍に勝った中国共産党は中華人民共和国を誕生させました。1955年になると、毛沢東のために命がけでスパイ活動を行っていた者たちを、毛沢東は一網打尽に逮捕投獄し、口を封じてしまいました。彼らは真相を知り過ぎていたからでしょう。

注目すべきは、毛沢東時代、ただの一度も抗日戦争勝利記念日を祝ったことがなく、まいわゆる「南京大虐殺」に関しては教科書に載せることさえ禁じ、一切触れさせなかったことです（スピーチでは多くの証拠をパワーポイントで示した）。なぜなら抗日戦争で日本軍と戦ったのは、主として蔣介石率いる国民党軍であって、毛沢東が率いる中国共産党軍ではなかったからです。

それが大きく変わったのは、1989年6月4日に民主化を求める天安門事件が起き、1991年12月に、世界最大の共産主義国家であったソ連が崩壊したからです。

そのため中国は連鎖的崩壊から免れるために、1994年から愛国主義教育を開始し、

「抗日戦争中に日本軍と戦い、日本軍を敗退に追いやったのは中国共産党軍である」という「神話」を創り始めました。新しい「歴史的ストーリー」の形成を始めたのです。そして1995年に初めて、全国レベルで「抗日戦争勝利記念日」の祝典を開催し始めました。

そのときの特徴は「中国（中華人民共和国）は反ファシズム戦争の重要な組成部分である」という新たな概念を打ち出したことで、「抗日戦争勝利記念日」は「反ファシズム勝利記念日」と抱き合わせで開催されました〉

〈習近平政権に入ると、その傾向は急激に強調され、「中国共産党こそが反ファシズム戦争の最も強烈な象徴である」と位置付けて、ついに2015年9月3日の「抗日戦争勝利・反ファシズム戦争勝利70周年記念式典」では中国建国後、初めての軍事パレードまでが行われました（10月1日の国慶節では行われるが、抗日戦争勝利記念日で軍事パレードが行われたことは、それまでない）。

この流れからも分かるように、中国が新たに創りだした「歪曲《わいきょく》された歴史神話」は、実は「中国の軍事力強化を正当化する歴史的ストーリー」として準備されていたことが明らかになります。

だからこそ、中国は日本に対する「歴史カード」を高く掲げ続けていなければならず、そのターゲットは日本ではなく、実はアメリカで、日米同盟を有するアメリカを、「歴史の真実を認めない日本」と同盟している国として弱体化させようという戦略的目標を持っています。中国にとっては「捏造した歴史神話」を維持するために、日本に対する「歴史カード」は不可欠で、これを「文化的武器」として、やがて経済的にも軍事的にもアメリカを凌駕《りょうが》し、世界最強の国になろうと目論《もくろ》んでいるのです。

こうすることによって、抗日戦争時代、毛沢東が日本軍と共謀し、傘下の中国共産党軍を日本軍と戦わせずに戦力を温存して、日本軍と戦っている国民党軍を弱体化させ、中華人民共和国が誕生したのだという事実を隠蔽し続け、対日強硬策を強化することによって押し切ってしまうというのが中国のグローバル戦略です。

しかし、そのような「塗り替えられた歴史的ストーリー」で進んでいく世界制覇がいかに大きな危険性を孕《はら》んでいるか、私たちは注目しなければなりません。そのためにも、中国共産党の歴史の真相を明らかにしていくことは、われわれの使命なのです〉

概ね以上が、筆者が言わんとした趣旨であった。

米メディアVOA「番組を習近平に直接見せる」

1990年代はじめにアメリカに移り住んだ中国の著名な歴史学者である辛灝年《しんこうねん》氏は、このフォーラムのコメンテーターとして出席していた。そして拙著の中国語版に関して「中国の歴史学者がどんなに研究を深めても得られない、途轍《とてつ》もなく貴重な情報をわれわれに与えてくれた第一級の本。われわれ中華民族は彼女に感謝しなければならない」と絶賛してくれたうえで、以下のような話をした。

〈――私は1979年2月、当時の若い文学者の一人として北京に呼ばれ、胡耀邦《こようほう》（元総書記）のスピーチを目の前で聞いたことがあります。そのとき彼は演台を叩いて、次のように述べました。

「もし中国人民が、われわれ中国共産党の真の歴史を知ったら、人民は必ず立ち上がり、われわれの政府を転覆させるだろう」と。私は遠藤誉教授の中文版『毛澤東勾結日軍的真相（毛沢東　日本軍と共謀した男）』という本を読んで、あのとき胡耀邦が言った理由がようやくわかりました。彼が言っていたことは本当だったことを、遠藤教授は証明してくれたのです〉

筆者はスピーチで、「もし中国人民の多くが毛沢東の真相を知ったら、中国は必ず崩壊するだろう」と述べたが、毛沢東の威力を借りて、意識的に「毛沢東回帰路線」を遂行している習近平政権としては、筆者が突き付ける事実ほど危険なものはないはずだ。

国際シンポジウムが終わると、アメリカの大手中文系メディアの取材が殺到した。中文系メディアと言っても、ワシントンに本部を置くアメリカ政府のVOAの中国セクションや、同じくRFA（Radio Free Asia）中国セクションなど、全世界向けの大手メディアが多い。2016年6月にニューヨークで『毛沢東　日本軍と共謀した男』の中国語版が出版されて話題になっていたため、その作者本人がアメリカに来るというので待ちかまえていたという。拙著に関してある記者は、「あまりに情報量が多すぎて、眩暈《めまい》を起こしそうだ」と言い、また少なからぬテレビ局が大型番組を制作したいと申し込んできた。

なかでもVOAは大変な力の入れようで、1時間番組を制作し、特殊なルートを使って習近平国家主席に直接見せるのだと意気込んでいた。結果的にVOAはかなり長い時間をかけて1時間番組を3本制作して報道してくれたし、FRAも同じく番組を3本制作して、わりあい早目に報道してくれた。きっと、そのどれかは習近平の目に届いてくれているだろうと期待したい。

中国人スパイと在米華人華僑の裏事情

　ところでVOAはアメリカ合衆国政府が運営する国営放送で、テレビ局に入るときにも厳重なチェックがあった。入国審査並みの厳しさである。今は、中国など非民主国家に対して民主化を呼び掛けることなどを主たる目的にしているが、そもそもは1942年に日本に向けて投降を呼びかけるために設立されたものだと、スタッフは肩をすくめて説明してくれた。

　そんなことから、筆者に関するドキュメンタリー番組は、必ず何らかの形で習近平の目に留まるようにするので、頑張ってくれと激励を受けた。それもあり、取材は全て中国語で、中共中央宣伝部がそのまま分かるように構成してある。

　ただ、VOAの中にもFRAの中にも中国政府から派遣された「五毛」(五毛銭というわずかな報酬で、中国政府のために行動する、という言葉から来た中国人スパイ)が多いので、各局の中国語セクションには、ピリピリとした空気が流れていた。その一方で、信じた仲間に対しては、仲間意識が強い。そのようなことから、在米華人華僑の裏事情を、かなり詳しく知ることができた。

　それによれば、以下のような事情があるらしい。

1・まず、シュライバー会長も冒頭の挨拶で言ったように、中国は「中共の歴史に悪影響を与えようとする西側敵対勢力の思惑があるということを、もっと広く知らしめ、警戒を強めなければならない」と言っている。そして、悪影響を与えるような教授への監督を強化しなければならないとしている。ということは逆に言えば、諸外国において「中国が描く歴史のストーリー」を浸透させようと必死だ。そのために各国に中国政府の代弁者を送り込み、「情報戦」によって諸外国を圧倒しようとしている。

2・ところが肝心の日本は、あなたの著書にあるように、中共にうまく利用された時代と何ら変わっていない側面があることを忘れてはならない。日本は中国政府の代弁者を日本の大学で雇用し、日本の若者を洗脳することに対していかなる抵抗もしていない。

3・われわれアメリカに住んでいる華人華僑には三種類ある。一つは中共政府による言論弾圧等の圧政に耐えかねてアメリカに亡命してきた人々で、この人たちはさらに二種類に分かれた。英語力不足や安定した収入の職場に恵まれないため、結局のところ、水面下で中共とつながってしまった人たちと、毅然として中共の圧政に反抗し、貧しくても頑張っていたり、あるいはそれなりに地位を得ている人だ。

この二種類以外に、明らかに中国政府の代弁者として派遣された「五毛」たちがいる。「五毛」や水面下で中共とつながっている華人華僑は、チャイナ・マネーの恩恵を受けているから羽振りがいい。残りの一種類は、まさにわれわれのように正義感に燃えて人権と自由と民主のために闘っている者たちなのだ。日本は中国の顔色ばかり見ているから、われわれのその力を削《そ》ぎ、失望させる。

毛沢東が中共スパイに指示をしていた証拠

中国で活動することができず、アメリカに逃亡してきた優秀な歴史研究者も会場には大勢いた。彼らとの対談は多くの収穫があった。

たとえば中共スパイの潘漢年が、毛沢東の指示なしでスパイ活動を行うことはあり得ず、潘漢年は獄死した5年後に名誉回復されたため、彼に関する多くの伝記が出版されたが、それらはいずれも「潘漢年は、あくまでも毛沢東からの指示でスパイ活動を行った」ことを主張するために書かれている。その基本を知らず、毛沢東と潘漢年の間に接点はないと遠藤を批判している者が日本にはいるようだが、それをもっと積極的に明記すべきではないかというアドバイスを受けた。

その学者は、熱心に次のように語った。

――そもそも、1937年、中共は国民党と国共合作するにあたり、国民党側に「すべての軍事情報を中共側に渡すこと」を条件としている。周恩来は当時、中共側の最高軍事委員会委員長として蔣介石国民政府の首府・重慶にいて、全ての軍事情報を入手する業務を担当していた（国共両軍における軍事副委員長。委員長は蔣介石）。一方、潘漢年の直接の上司は周恩来。周恩来は特科（特務科＝スパイ科）の最高指導者だった。潘漢年は周恩来が養成したスパイだ。だから、その意味でも、潘漢年は直接毛沢東の指示を受けて動いたことは明確だ。

このような熱心な忠告があったので、ここでは、毛沢東が直接、中共スパイ潘漢年に指示を出していた証拠を、中共中央の最高権威の一つである中共中央文献研究室が編集した『毛沢東年譜』全九巻に基づいて、以下に補足したい（『毛沢東　日本軍と共謀した男』を出版したときには「新書」という性格上、文字数の制限などもあり、詳細な参考文献を列挙することができなかった）。

本書で明示するのが最初の発表となる。

参照：毛沢東が潘漢年と直接連絡を取った例（『毛沢東年譜』より抜粋）

『毛沢東年譜』（中共中央文献研究室編、中央文献出版社、１９９３年）に基づけば、毛沢東が直接潘漢年に命令を出したのは１９３６年８月25日が最初である。なぜなら、『毛沢東年譜』上巻の５７３頁（１９３６年８月25日）に初めて潘漢年の名前が出てくるからである。そこには「８月25日、毛沢東は潘漢年に打電し、南京（蔣介石政府の意味）と具体的にさらなる交渉を進め、短期間のうちに統一戦線を成立させるようにせよと命じた。これは、われわれの統一戦線の肝心な戦略である。電報を受け取ったら、７日以内に保安に戻り、新しい命令を受け取り、さらに７日以内に再び南京に戻って南京との交渉を再開せよ」と書いてある。

ここにある「保安」とは、現在の陝西省志丹《したん》県城北炮楼山麓で、１９３６年７月３日から１９３７年１月10日までの６カ月間、中国共産党中央委員会の所在地で、毛沢東はそこで生活していた。１９３７年１月10日、毛沢東は延安へ向けて移動し、１月13日に延安に到着した。したがって、潘漢年は保安に戻った時に、毛沢東と直接会って新しい命令を受け取っていることを示唆する。

なお、『毛沢東年譜』上巻573頁の脚注には、「潘漢年は当時、中国共産党と南京国民党当局とが直接談判をするときの責任者だった」という説明がある。当時、潘漢年と毛沢東の二人が、直接張学良《ちょうがくりょう》と会って、蔣介石を裏切り国共合作に賛同するよう、張学良を説得する役割を担っていた。その結果、1936年12月12日の「西安事変」の発生を招くのである。

それ以降、以下に示すように、毛沢東と潘漢年は20回以上、直接打電し合っている。その例を列挙する。

1936年8月26日(『毛沢東年譜』上巻574頁)
1936年10月5日(『毛沢東年譜』上巻592頁)
1936年10月10日(『毛沢東年譜』上巻594頁)
1936年12月10日(『毛沢東年譜』上巻620頁)
1936年12月19日(『毛沢東年譜』上巻627頁)
1936年12月21日(『毛沢東年譜』上巻628頁)

1937年1月9日(『毛沢東年譜』上巻642頁)
1937年1月11日(『毛沢東年譜』上巻645頁)
1937年1月21日(『毛沢東年譜』上巻649頁)
1937年1月29日(『毛沢東年譜』上巻650頁)
1937年2月4日(『毛沢東年譜』上巻651頁)
1937年4月11日(『毛沢東年譜』上巻670頁)
1937年5月1日(『毛沢東年譜』上巻674頁)
1937年6月26日(『毛沢東年譜』上巻685頁)
1937年9月25日(『毛沢東年譜』中巻26頁)
1937年11月12日(『毛沢東年譜』上巻39頁)

実は1937年11月12日上海が陥落している(上巻、38頁)。すると毛沢東は直ちに潘漢年らに打電し、「上海陥落後、上海に秘密工作運動を実行するための部署を設置せよ」と打電している(上巻39頁)。この日から、潘漢年のスパイ活動が始まり、その後、日本の外務省系列の「岩井公館」に潜り込み国民党軍の軍事情報を日本軍に高値で売り込むスパイ活動に従事するのである。

ウォルドロン教授との対談

ところで、シンポジウム会場にいた在米華人華僑の中に、人権派弁護士の韓連潮博士がいた。彼はかつて中国大陸の民主活動家・劉暁波《りゅうぎょうは》氏にノーベル平和賞を授与させるために運動した発起人の一人だ。その彼が筆者にペンシルベニア大学の中国研究者（歴史学）であるアーサー・ウォルドロン教授を紹介してくれた。

その結果、飛鳥新社がウォルドロン教授を日本に招聘《しょうへい》して、2017年1月4日に筆者と対談を行うことになった。その対談は月刊誌『Hanada』の2017年3月号に掲載されたが、そこで得た興味深い内容を抜き出して特記したい。

●「一つの中国」に関してだが、トランプ氏はそれまで多くの人が「あれはおかしいのではないか?」と疑問に感じていながらも「そんなことは言ってはならない」と遠慮していたことを、「あれはおかしい!」とストレートに言う人間です。それによって、「たしかにそうだ」と気付く人が世界中に出てくるという効果をもたらしている。日本の外務省もその一つで、台湾と日本の窓口「交流協会」の名称を今年一月一日、「日本台湾交流協会」に改称した。これは1972年の日中国交正常化以来、初めてのことだ。中国の顔色ばかり窺ってきた外務省としては、画期的な出来事でした。これまで日本は、中国から歴史問題などで言われるがままに後退し続けてきた。今後も中国は日本に対して、これまでどおり後退を要求してくるだろうが、日本は後退すべきではない。

●アメリカはこれまで、チベットのダライ・ラマ14世と会談する際も、ホワイトハウスの裏口や、ゴミを出すような勝手口から招き入れてきました。それは中国の圧力があったからです。こうした米中国交正常化以降、続けられてきた中国に対するアメリカの姿勢は変わらなければならない。

●1980年代までは作家のバーバラ・タックマンなどが中共のプロパガンダを信じ、「アメリカは第二次世界大戦中に中共軍と組んでいればよかった」といったような言説を流し（『失敗したアメリカの中国政策──ビルマ戦線のスティルウェル将軍』）、それらがアメリカでも圧倒的多数を占めていた。毛沢東を賛美したエドガー・スノーの言説（『中国の赤い星』）が、日本の知識層に影響を与えたのと同じようなことがアメリカでも起きていた。

しかし、コーネル大学の Chen Jian 教授が実際に中国へ行って丹念に調べ、タックマンの言説を論理的かつ実証的に否定したことや、なんと言っても89年の天安門事件によって中国共産党に対するアメリカの見方にも変化が生じていった。

●先の大戦で毛沢東率いる中国共産党が日本軍との戦いを避けていた事実は知っていたが、遠藤の『毛沢東　日本軍と共謀した男』（中国語版）を読むまで「共謀していた」ということまでは知らなかった。実はアメリカにも、『OSS in CHINA — Prelude to Cold War』（２０１１年）という本がある。これは、ＣＩＡの前身で第二次世界大戦中のアメリカ政府機関であるＯＳＳ（Office of Strategic Services）の調査員の聞き取りをもとに書かれた本だ。毛沢東率いる中共軍が、「日本軍と激戦を続けており、アメリカとも手を組みたがっている」という宣伝（プロパガンダ）を盛んに耳にしたＯＳＳの調査員が実際に現地を訪れてみると、戦いはおろか中共軍が日本軍やその傀儡《かいらい》だった汪兆銘《おうちょうめい》政権とも和気《わき》藹々《あいあい》としていたと書かれている。中共軍のプロパガンダとは全くの逆だった。

この事実をアメリカ本国に知られたらまずいと判断した毛沢東は、ＯＳＳの調査員を逮捕し、終戦まで投獄した。その彼らの証言を、東アジアの専門家である合衆国海軍兵学校の Maochun Yu 教授が書いた本だ。

●毛沢東の研究に関しては、いま第三段階に入ったと言える。第一段階は、毛沢東がいかに偉大であったか、彼を礼賛するような研究が盛んだった段階。第二段階は、毛沢東の私生活などが暴かれ、彼がいかに酷い男であるかがわかってきた段階。そしていま、毛沢東が実際に行ったことの真相が、遠藤やOSSの研究などによって明らかにされつつあるという、第三段階に入っている。

●中国の新聞では「日中戦争で中国共産党が戦ったからこそ日本に勝った」と頻《しき》りに喧伝しているが、裏を返せばそれだけ中国の若者や知識層が疑っていることの表れとも言える。アメリカでも、いまや中国を信じている人は少数派になりつつあり、もはや中国の影響力はお金だけだ。アメリカで賄賂《わいろ》を渡したり、大学を買ったり、研究者を買収したり、これは広く知られている。しかし、それがおかしいという認識も広まっている。

たとえば、アメリカ大手のJPモルガン・チェース銀行は、中国支社が中国政府高官の親族を違法に雇用したとして、アメリカ当局に288億円の罰金を支払う事態になった。連邦海外腐敗行為防止法は、アメリカ企業がビジネス上の見返り目的で外国政府当局者に利益供与することを禁じている。JPモルガン・チェース銀行は数年間にわたり、中国高官たちの要求に応じてその親族や友人など100人あまりを不正に雇用していたとされている。

●チャイナ・マネーによって、言論弾圧をする独裁国家・中国のイデオロギーが世界を制覇しかねない。そのための情報戦も激化している。日本はその情報戦には弱い。中国に言われるままに後退するのはよくない。

ウォルドロン教授を紹介してくれた人権派弁護士・韓連潮は、今年の6月4日もワシントンの中国大使館前で天安門事件に対する抗議活動に参加したそうだ。そこには本書のカバーやイラストを描いてくれた辣椒《ラージャオ》もいたという。日本に逃亡していた漫画家だが、どうも日本には民主を訴えていく土壌がないと、ワシントンに移民してしまった。抗議運動の際、辣椒は彼のそばにいたという。天安門事件のときに中国人民解放軍の戦車にひかれて両足を失ってしまった民主活動家も言論弾圧を逃れるためにアメリカに移住し、ともに活動している。天安門事件を世界記憶遺産に登録させるために日夜努力している韓連潮とその仲間たちからメールが来た。

――アメリカもまたチャイナ・マネーに飲み込まれて、中国の民主化は遠のくばかりだ。もし日本が、本当に「日中友好」を考えるのなら、民主化のために、そして言論の自由のために戦っている中国人民に手を差し伸べてほしい。それこそが本当の「中国人への友好」ではないだろうか。いま日本が進めようとしている「日中友好」は、日本の利益を優先した友好でしかない。それは日中戦争の時の「自己利益」を優先した日本と似ているような気がする。遠藤が明らかにした毛沢東が日本軍と共謀していた事実を、中国に訴えることができるのは日本だ。そうすれば日本は非常に強い立場になる。その証拠に中国は遠藤を非難しようとしていない。非難すれば「毛沢東が日中戦争の時に何をしたか」に焦点が当たってしまうからだ。中国共産党が、本当は嘘をついていることが世界に明らかになってしまう。中国はそれを恐れている。「中国の人権侵害に対する沈黙は、中共の専制政治との共謀」でしかない。日本はそのことに気づいてほしい。

あきらめずに闘っている人たちがまだいる。その彼らと約束をしたので、この言葉を日本の皆さんにお伝えしたい。

２０１７年はたしかに日中国交正常化45周年記念で18年は日中平和友好条約締結40周年となる節目の年ではある。なにも友好的であることをやめろとは言わないが、ただし、そこに潜んでいる落とし穴があること、そして、中国政府が好む形の「日中友好」によって、民主活動家たちが排除されていることにも、日本は留意してほしいと望む。それは言論弾圧をする中国を肯定し、その中国にエールを送ることにつながる。人類は、そのような生き方をしていいのか、これは人間の尊厳の問題であると筆者は思う。

なお、6月29日から習近平が香港返還20周年記念行事に出席することになっているが、その直前にノーベル平和賞受賞者の劉暁波氏が仮釈放された。末期の肝臓癌だという。これまで香港返還の日（7月1日）には香港の若者たちが大きな抗議デモを行ってきた。もし習近平の訪問中に劉暁波が獄死でもしたら、一党支配体制に対する不満が爆発し、中国の国内外にいる民主運動家たちが中国政府を転覆させるために一斉に立ち上がるだろう。

それを恐れたための緊急措置であることは誰の目にも明らかだ。ネットには劉暁波が健康診断を受けている元気そうな映像が流れているが、これは投獄されたばかりのころの劉暁波で、中共のプロパガンダ映像。彼は脳細胞が破壊される措置を受ける危険性もあったし、仮釈放されたのは、中共が治療を施さず、肝臓が破裂して大出血したのだと、劉暁波関係の人権派弁護士らが教えてくれた。言論弾圧はこのように無残な形で現在も進んでいることから目を逸らさないでほしい。

あとがき

金日成に粛清された延安派――長春を食糧封鎖した朝鮮八路

筆者がなぜ朝鮮戦争と北朝鮮問題にのめり込むかというと、金日成《キムイルソン》が朝鮮戦争後に粛清した延安派こそが、１９４７年から48年にかけて長春を食糧封鎖し、数十万の無辜《むこ》の民を餓死に追いやった時に、その包囲網を守備していた軍隊だからである。

それを証拠づけるための中国語の資料は膨大《ぼうだい》で、どれか一つを特定するのは困難だが、たとえば、『１９４５年10月朝鮮義勇軍先遣縦隊入朝とその挫折』（金東吉《キムドンギル》、『韓国研究論叢』２００９年第1期）などを挙げることができる。

中国には早くから少なからぬ朝鮮人が住んでおり、東北部（満州）に移り住んだ者の一部は東北抗日聯軍（抗日パルチザン）を形成し、それより南（華北以南）に移住した者は、後に陝西《せんせい》省延安に移った毛沢東が率いる中国共産党に入党した者が多い。『満州国』内であったか否かによって、前者を「満州派」、後者を「延安派」と称する。
『中共中央文件選集十五（1945）』によれば、日本敗戦が近づいた1945年8月11日12時、毛沢東は中国人民解放軍第18集団軍の朱徳《しゅとく》総司令官の名において「第六号命令」を発布させている。そこには概ね、「ソ連紅軍の中国および朝鮮に対する作戦に協力するため、華北において抗日作戦に従事していた朝鮮義勇軍は八路軍および東北軍と共に東北に向けて兵を進め、東北にいる朝鮮人民を組織して朝鮮解放の任務に当たることを命令する」と書いてある。

八路軍というのは毛沢東の指導下にあった軍隊で、国共合作（1937年～45年）のときに蔣介石によって「第八路軍」と分類された共産党軍の名称の一つである。朝鮮義勇軍とは1942年7月14日に山西省太行《たいこう》山脈で組織された部隊のこと。第六号命令が出た後は、東北に移動して東北に散在する朝鮮人部隊をも組み込んだ朝鮮義勇軍全体を「延安派」と称する。この延安派という呼び方は、これらの部隊が北朝鮮に帰還した後に、金日成の「満州派」と区別するために付けられた名前である。

さて、この延安派が行軍の末ようやく東北に辿り着き、東北地域にいる朝鮮人を組織して朝鮮に入境しようとしたところ、なんと、朝鮮に侵攻していたソ連軍に阻止されたという。遼寧省の瀋陽《しんよう》部隊にいた韓青という名の縦隊長は第六号命令に従って10月12日、遼寧省の丹東から鴨緑江《おうりょくこう》を渡り、対岸にある朝鮮北部の新義州《シニジュ》に入ろうとした。するとソ連軍が「もし朝鮮に入境したければ、武装解除をして個人の名義で滞在するのはいいが、軍隊として入境することは許さない」と行く手を阻《はば》んだ。ほどなく金日成が部下を新義州に派遣して、韓青に「平壌に来て、金日成と面談するように」と言うので面談したところ、金日成は「東北に戻るように」と韓青に指示とのこと。

韓青は、当時の朝鮮の事情を、「金日成はソ連から戻って来たばかりで、まだ権力基盤が弱いから、われわれ朝鮮義勇軍という新しい軍事勢力を入朝させることに躊躇《ちゅうちょ》したのだろう」と回想している。共産党の朝鮮本土派も、中国から戻ってくる勢力を歓迎していないようだったとも分析している。

この状況を受けて、中共中央東北局は1945年11月、中国に残るすべての朝鮮義勇軍を再編成し、第164師を長春における解放戦争（国共内戦）に充てたのである。

1946年3月から、まず、第一次の長春解放戦争に164師も参戦した。

拙著『卡子《チャーズ》　中国建国の残火』に書いたように、長春では1946年4月に市街戦があった。第一次長春解放戦争は、このときの市街戦を指す。筆者は八路軍側の流れ弾に当たって負傷した。その中に朝鮮八路164師がいたということになる。

彼らはこの市街戦で勝利して長春に入城してきたが、5月には毛沢東の命令で引き揚げていった。毛沢東は農村を以《もっ》て都市を包囲するという作戦に出ていたからだ。

入れ替わりに長春には国民党の正規軍が入ってきて、1947年秋から八路軍による長春の食糧封鎖が始まる。封鎖の度合いが厳しくなったのは48年の5月からだ。

資料を見ると朝鮮八路164師が再び長春に配備されたのは48年4月である。

このとき長春市全体を包囲する鉄条網は二重になっていて、包囲網の内側には国民党軍が、外側には八路軍がいた。この包囲網を「卡子《チャーズ》」と称する。

長春市内には餓死体が溢れていた。1948年9月20日、これ以上長春市内にいたら家族全員が餓死してしまうということから長春脱出を断行したのだが、そこで待っていたのは、この世のものとも思えぬ光景だった。二度と引き返してはならないという、国民党側の卡子の門をくぐってしばらく歩くと、地面は見渡す限り餓死体で埋め尽くされていた。餓死体は棒切れのように痩せているが、内臓が残っているお腹だけが腐乱して緑色に膨らみ、遂には破裂してそこに大きな銀バエが唸《うな》りをあげて群がる。夜中は餓死体の少なそうな地面に、持ってきた布団を敷いて寝た。

夜が明けて前方を見ると、そこにはもう一つの鉄条網の包囲網があって、解放区への出口となる門は閉ざされたままだ。井戸が一つだけあったが、中には死体が浮かんでいた。やがて、餓死体を食する者を目撃し、父が祈りを捧げた死体の山を見るにおよんで、筆者は恐怖のあまり記憶を喪失し、廃人のようになって4日後に卡子の門を出た。父が製薬関係の技術者で、解放区では技術者が必要だとのことから、特別に出してもらい、延吉《えんきつ》へ行けと命令されたのである。

このとき卡子を守備していたのは、まぎれもなく「朝鮮八路」だ。

包囲網は地面に埋め込んだ木の棒を鉄条網でつなぎとめた簡単な作りで、外から内部の様子はすべて見渡せる。多くの無辜の民が目の前で餓えながら死んでいく。その死体を食する中国人。このとき長春には数十名の日本人技術者が残留を強制されていただけで、他はすべて中国人だった。

なぜ、ここに朝鮮八路を配置したのか。なぜここまで冷酷無残なことができたのか。

筆者はずっと、そのことを毛沢東の戦略と考えていた。

後世になって歴史の審判が下った時に、言い逃れできるように「中国人ではない八路軍」を敢えて配備したものと解釈していた。その解釈自体に大きな変化はないが、そこに金日成が権力基盤を固めるための経緯が絡《から》んでいたことを知るに及んで、いっそう朝鮮戦争の考察にのめり込んだ。

韓青ら在中の朝鮮義勇軍を追い返した金日成は、1948年9月9日に朝鮮民主主義人民共和国の首相になると、毛沢東に朝鮮義勇軍の北朝鮮への引き渡しを要求してきた（長春が解放されたのは1948年10月）。権力基盤は脆弱《ぜいじゃく》でも、ともかく北朝鮮の領袖《りょうしゅう》になることはできた。そこで北朝鮮の軍隊を強化して南北統一を目指していたからだろう。国共内戦の勝敗が見えてきた1949年5月ごろから、毛沢東は金日成の要求に応じ、朝鮮義勇軍の帰還を始めている。概ね帰還し終わったのは、中華人民共和国が誕生した後のことで、この事業は翌50年の3月頃まで続いている。

朝鮮戦争が始まったのはその3カ月後の6月25日であるため、一部には、毛沢東が朝鮮戦争を起こすために朝鮮義勇軍を帰還させたのだという間違った見方があるが、これは是正されるべきだろう。

休戦協定が結ばれた少しあとの1956年、金日成は朝鮮戦争で活躍した延安派を粛清した。韓青など、一部は中国に逃れた者もいるが、ほぼ全員粛清され、延安派は消滅した。

筆者は仇《あだ》を討つべき相手を失った思いだ。

あとがき

朝鮮戦争の休戦協定が最終的に調印されたのは1953年7月27日だが、52年に入ると、事実上「北朝鮮と中国が勝利した」という情報が中国で流れた。そのため52年後半から在留日本人の日本引き揚げが検討されるようになり、53年3月にソ連のスターリンが他界すると中国政府に「留用」された（強制的に留め用いられていた）日本技術者も帰国するよう指示を受けた。ソ連の技術者が入ってくるので、日本人技術者はもう要らないので帰れと公安局が説得してきたのだ（詳細は『卡子　中国建国の残火』）。

その結果、53年9月7日、筆者ら家族は高砂丸に乗って天津の港から舞鶴に降り立った。あれから戸惑いと葛藤と、「なぜだ」という疑問への追及が途絶えたことがない。どこまでも真相を求めて喰らいつき、整合性のある解が出るまでは引き下がらない日夜を、今もなお続けている。

習近平vsトランプ――。どちらが世界を制するのかは、読者の方々のご判断にお任せしよう。本書はその判断を下すための情報をご提供しただけだ。敢えて筆者個人の見解を述べるならば、表面的には国際社会から後退してしまったトランプのほうが一歩退き、中国の洗脳と戦略、そしてチャイナ・マネーが勝っているように見える。

しかし建国の歴史自体を捏造《ねつぞう》し、激しい言論弾圧をしなければ国家運営ができないような国が永続するとは思えない。アメリカにおいても、チャイナ・マネーに買われた民主は腐敗し精神を堕落させることは明白だ。

アメリカに深く根付いている民主と正義への主張は、必ずそれを克服し、人類の英知は最終的には尊厳を選ぶと信じたい。


本書執筆に当たり、飛鳥新社の沼尻裕兵氏と工藤博海氏には並々ならぬお世話になった。特に沼尻氏はどんな時でも誠意と情熱を込めて相談に乗ってくれて筆者の心を支え続けてくれた。彼の卓越した編集能力に、どれほど助けられたか言い尽くせない。工藤氏はまた手際よく英文処理を手伝ってくれた。お二人に心から感謝する。

カバーとイラストを描いてくれた辣椒《ラージャオ》氏は『嘘つき中国共産党』という漫画を出しており、筆者と志を一つにしている。渡米準備の中、これだけは約束なので必ず守ると言って完成させてくれた。ありがいたい。

最後に本書出版のために快く協力してくれた東京福祉大学国際交流センターのスタッフに謝意を表する。

２０１７年夏　遠藤誉

遠藤　誉（えんどう・ほまれ）

1941（昭和16）年中国吉林省長春市生まれ。国共内戦を決した「長春包囲戦」を経験し1953年に帰国。東京福祉大学国際交流センター長、筑波大学名誉教授、理学博士。著書に『卡子（チャーズ）――中国建国の残火』『チャイナ・セブン〈紅い皇帝〉習近平』（ともに朝日新聞出版）、『毛沢東――日本軍と共謀した男』（新潮新書）など多数。

習近平vs.トランプ
世界を制するのは誰か

2017年8月3日　第1刷発行

著　者　遠藤　誉
発行者　土井尚道
発行所　株式会社　飛鳥新社
〒101-0003　東京都千代田区一ツ橋2-4-3　光文恒産ビル
電話　03-3263-7770（営業）　03-3263-7773（編集）
http://www.asukashinsha.co.jp
装　幀　芦澤泰偉事務所
地図作成　有限会社ハッシイ
印刷・製本　中央精版印刷株式会社

ISBN　978-4-86410-560-6

編集担当　工藤博海　沼尻裕兵